JN035457

自分の考えを
パッと80字で
論理的に
書ける
ようになる
メソッド

元茨城県立並木中等教育学校 校長
中島博司

飛鳥新社

R80 シートの使い方

R 80 のルールは 2 つだけです。

①2 文構成で 80 字以内

②2 文目の最初に必ず接続詞を使う

あとは、本書にあるとおり、自由な発想でお使いください。
縦書き版と横書き版は好きなほうをお使いください。
なお、シートの下書き欄は使っても使わなくても OK です。
慣れるまでは使ってみましょう。
FREE 欄の使い方は自由です。
書く前のメモ欄として使うもよし、
学校では先生やお友だちにコメントをもらうのもいいですね。

なお、このシートはコピーして使ったり、
ダウンロードして使ったりしてください。
下のＱＲコードからダウンロードできます。

PDF 版

R80（アールエイティー）

自分の考えをパッと80字で
論理的に書けるようになるメソッド

はじめに

突然ですが、質問です。
私から原稿用紙を渡されて
「この本を読み終えたら感想文を書いてくださいね」
と言われたら、どう感じますか？
とっさに「イヤだな」と思ったでしょうか。
あっ、本を閉じないでくださいね。

今「イヤだな」と思ったあなた、安心してください。

そういう人にこそ、この本はうってつけです。

読み終える頃には必ず、文章をスラスラと、楽しく書けるようになっています。

それを叶（かな）えるのが、私が提唱する「R80（アールエイティー）」という方法です。

R80のルールは簡単に言うと2つだけ。

①2文構成で80字以内

②2文目の最初に必ず接続詞を使う

このメソッドを使えば、自分の考えを80字で、ものの2分もあれば書けるようになります。しかもわかりやすく。

さらに、慣れてくると長文にも対応できるようになります。

もっとも、R80は単なる文章技術ではなく、この本は文章上達術だけを指南する本ではありません。

では、R80とは何なのか?

私はR80を、思考力や論理力、話す力といった、学業や仕事をするうえで欠かせない力をつけるための「**学びのアイテム**」として考案しました。

文章を書けるようになるのが目的ではなく、いろんな力をつける過程で文章「も」書けるようになる、というイメージです。

つまりR80を身につければ、文章をパッと書けるようになり、さらにはその先の人生まで変わってきます。

どうです、**ワクワク**してきませんか？

自己紹介です

私、元茨城県立並木中等教育学校校長の中島博司と申します。

文章に関する本を出すと「国語の先生？」と思われるかもしれませんが、日本史が専門です。

自分で言うのは照れますが、高校の日本史の教員として、ちょっと知られた存在でした。

この「自己紹介です」では、R80をどんな人間がなぜ考案したのかというお話に少々お付き合いください。それよりR80の詳細を早く知りたい！ という人は、飛ばして序章へ進んでも大丈夫ですよ。

私は茨城県の高校教員になった当初、オーソドックスに板書（ばんしょ）をする授業をしていました。

しかし20代後半で2校目に赴任すると、やり方をガラッと変えました。

「スーパー日本史ノート」という全9冊の副教材を自分で開発したのです。

なぜなら、板書は時間のムダだと感じたからです。

書くのがゆっくりの子だと、教員である私が話している内容とズレが生じて、学習が定着しません。

その問題を解消するため、多くの先生が使うのがプリントですが、授業ごとに配るのだと生徒の手元で散逸（さんいつ）しがちです。

それならいっそオリジナルのノートを作っちゃおう、と思いついて、板書する項目などをあらかじめまとめたノートを配布することにしました。

Ｂ４の用紙に刷ったものを、生徒たちが半分に折っていきＢ５判にして、ホッチキスで留(と)める。こうして１冊30ページ程度、９冊で３００ページほどの手作り副教材が完成します。

授業では、私は歴史ドラマを繰り広げることに集中しました。

たとえば**桶狭間(おけはざま)の戦い**なら、自分が織田信長の奇襲を現場で見てきたかのように、身振り手振りを交えながら臨場感をもって話すのです。

そうすると、生徒たちも前のめりになって聞き入ってくれます。

生徒たちは「スーパー日本史ノート」を開き、傍らに２色のマーカーと赤のボールペンを置いています。私が話の合間に、

「ここは黄色でマーカーを引こう」

「この単語は入試によく出題されるから赤ペンで〝**出るマーク**〟を書いて」

と指示すると、一斉に書き込みます。

こういう授業をすると、誰一人として寝ません。

それどころか、後日の模試で〝出るマーク〟をつけた単語が出ると「本当に出た！」と大盛り上がり。

みんなして点数が上がっていって、日本史に夢中になって、しまいには他の教科の先生が「日本史ばかり勉強するんじゃない」と苦笑いするほどになりました。


やがて受験シーズンを迎えると、中堅進学校だったこの高校が、センター試験の日本史Bの平均点で**県内1位**になったのです。

この噂が県外まで広まり、36歳の時、教科書会社からオファーを受け、**日本史の教科書執筆**に携わりました。

今振り返れば、これがR80開発の原点となるのです。


実は、私は子どもの頃から、文章を書くことが得意ではありませんでした。

長年の教員経験からも思うのですが、文章を書く方法って、学校で体系立てて教わることがないですよね。

中学でも高校でも「日本語は書けて当たり前」という風潮があるようです。

そんな人間が教科書を執筆することで、文章力を鍛えられることになりました。


最大のポイントは、1文を短くすること。

ダラダラと長文になると、必ず編集長から、

「1文は50字以内ですよ。長文になったら必ず2文にしましょう」

と指摘されるんです。

また、修飾語をあまり使わない一方で、大事な用語は入れないといけないし、論理性を求められます。

この経験以降、私は簡潔で論理的な**「教科書の文体」**を意識するようになりました。


次に勤務した3校目は、県内有数の進学校、県立土浦第一高校でした。

ここでは11年間教鞭をとりましたが、生徒たちがとても優秀で、センター試験の日本史Bの平均点で**全国1位**になった年が3回もありました。

出版社もこうした実績に目を留めたようです。

「スーパー日本史ノート」の存在を知った編集者から、
「これをベースにした本を出版しましょう！」と言われました。

そこから1年かけてできたのが『**はじめる日本史**』（Z会出版）という本です。

1999年からの24年間で42刷、累計20万部ほどのロングセラーとなっています。

改訂を重ね、現在はZ会出版編集部編と表記してもらっていますが、すべて私が執筆した内容です。

思いがけずものを書くことを重ねるうち、少しずつ自分に自信がつくのを実感しました。

さて、私は2015年に校長になりました。R80が誕生する前年のことです。

就任と同時に始めたのが、**アクティブ・ラーニング（AL）の研究**でした。

ALは一言でいうと能動的な学習のこと。

溝上慎一・元京都大学教授は「**能動的な学習には、書く・話す・発表するなどの活動への関与と、そこで生じる認知プロセスの外化を伴う**」と定義しています。

「認知プロセスの外化」というと難しいですが、言い換えると「頭の中にあることをアウトプットする」ということです。

文部科学省がALという言葉を打ち出すようになったのは2012年ですが、主に想定されていたのは大学で、一方通行の授業が当たり前の高校ではなかなか浸透しませんでした。

そんなALを1年間徹底的に研究してみて、学力向上につながらないと高校では広がらないなぁと感じました。

大学受験に使えなかったら見向きもされないなと。

また、いまだにそうですが、「話す・発表する」だけがALだと捉えている先生が多いのも課題でした。

話す・発表することもたしかに大事とはいえ、学力向上には直接つながりません。

では学力向上とALをどう結びつけるか。

私は、ALから見落とされがちだった**「書く」にポイントがあるのではないか**と考えるようになりました。

2016年、県立の中高一貫校である並木中等教育学校の校長になりました。就任直後にひらめいた「書く」ためのメソッドが、R80でした。ネーミングも一瞬にして降ってきました。

Rとは、**リフレクション（振り返り）**と**リストラクチャー（再構築）**の頭文字。80は、**80字以内で書く**という意味です。

校長室でR80を思いついた瞬間、電話を手に取って、教育系企業（実は私が後に勤めることになる会社です）の社長さんにかけました。

率直な意見を聞かせてほしいと言ってR80の説明をすると、社長さんは「これはいい！」と絶賛してくれました。

その会社の提供している教員研修サイトでさっそく紹介したいとまで言ってくれたのです。

自信を得て、自校の先生たちに「**学力向上につながるアイテムをついに考案しました**」とお披露目しました。

授業などですぐ使えるように、**R80を書くための定型**もシェアしました（この本の冒頭の折り込みに載せているものです）。

最初は中学の先生たちが、授業の最後の振り返りにR80を導入しました。生徒の反応や変化を職員室で共有してくれて、「これは面白そうだ」となって高校の先生にも広がりました。

県内の他校の先生たちにも紹介すると、すぐに数人が取り入れてくれました。

もともとの学力が高い学校も、そうでない学校もありました。パイオニア精神のある先生たちのおかげで、どんな学力の学校でもR80を使えることが証明されていきました。

そして学力向上だけでなく、**考案者の私も想像していなかったような大きな成果を上げるようになり、全国へと広がっていったのです。**

目次

【序章】

80字書けば、学力は必ず伸びる！

東大に現役合格する生徒たちの特徴

R80がなぜ学力向上につながるの？　というのは、きっと多くの人が気になるところですよね。それを説明するのにもってこいの話があります。

皆さん、東大に現役合格する子の共通項って、何だと思いますか？

私は土浦第一高校に着任した翌年（1996年度）に3年生の担任を持ち、かつ進路指導部に所属していました。

この年の3年生は、33人の生徒が東大に現役合格しました（浪人生を含めると43人合格）。前年度までと比べて飛躍的に伸びた年でした。

なぜそういう結果が出たのかは、今後のために、進路指導部で検証することになります。

私はずっと進路畑を歩んできて「歩く偏差値表」と呼ばれるような存在。なおかつ分析好きでもあります。

というわけで、私も任を負うことになりました。

きちんと分析してみると、現役合格者の共通項が見えてきました。

それは、文系理系を問わず「**現代文の偏差値が高い**」ということでした。

33人現役合格したこの学年は、他の学年より圧倒的に現代文の偏差値が高かったのです。

この学年に限らず、東大に現役合格できるかどうかの1つの目安に、3年生の夏にある東大模試で総合偏差値56を取れるかどうか、というものがありました。

しかしそれをさらに掘り下げてみると、理系の生徒で総合偏差値は56あっても、現代文の偏差値が40そこそこだったら、合格は難しいことが判明したのです。

その後も私は土浦第一高校だけでなく、県内で最も歴史ある進学校の水戸（みと）第一高校や、並木中等教育学校で、東大受験する生徒や現役合格する生徒を数多く見てきました。

理系の生徒で東大模試の現代文の偏差値が56あれば、

「現役で東大に行けるぞ」

と声をかけましたし、実際そのとおりになりました。

文系の場合は、もともと現代文が得意な子が多いので60以上が当たり前ですが、理系の場合そうではありません。

なぜ現代文が東大合否を分けるポイントだったのでしょう。

それは他の科目と異なり、ある能力のバロメーターという側面があるからだと私は考えています。

それは、「**論理力**」です。

論理力とは何なのか。

現代文のカリスマ・出口汪（でぐちひろし）先生による定義が、私には一番しっくりきました。出口先生の定義を拝借すると、次のようになります。

「**論理力とは、相手の主張の筋道を読み解き、自分の考えを整理して伝える力**」

相手の主張の筋道を読み解き……というところまでは読解力と言い換えることもできますが、それだけにとどまりません。

自分の考えを持ち、整理することができ、それを伝える力がある。

ここまでひっくるめた能力が、論理力なのです。

現代文は学習指導要領改訂により、2022年度に高校入学した学年から、「**論理国語**」と「文学国語」という2つの科目に分かれました。

東大に現役合格する子の共通項を今風に言い換えるなら、論理国語が得意な子、ということになるだろうと思っています。

なぜなら論理力がなければ、理系を含むすべての科目で問題の意図を読み解くことができず、記述問題への対応も難しいからです。

「思考力・判断力・表現力」と「論理力」が問われる社会

私はR80を「**思考力・判断力・表現力を身につけ、論理力を育成する**」ことを目的として開発しました。

当時の私は躍進著しい進学校の校長として、まずは自校の生徒たちのニーズである学力向上のために、論理力を伸ばす方法を考えたわけです。

ですから、東大をはじめ難関大学への入試を念頭に置いている中高生に役立ててもらえるアイテムだ、という思いが第一にありました。

とはいえ、論理力が必要とされるのは、なにも大学入試に限った話ではないですよね。

これからの時代、学生であれ社会人であれ、ますます論理力を問われる社会になっていくのは間違いありません。

なぜかといえば、ＡＩ（人工知能）が発達してきたからです。

２０１０年前後から、「**ＡＩに仕事を奪われる**」という言葉が巷にあふれるようになりました。

私が鮮烈に覚えているのは、２０１１年、米デューク大学の研究者であるキャシー・デビッドソン氏が次のように語ったことでした。

「２０１１年度にアメリカの小学校に入学した子どもたちの**65％**は、大学卒業時に今は存在していない職業に就くだろう」

２０１５年には、英オックスフォード大学のマイケル・Ａ・オズボーン准教授らと野村総合研究所の共同研究で、衝撃的なデータが公表されました。

調査の10〜20年後（この本が出る頃だとあと数年後）には、日本の労働人口の**49％**が、ＡＩやロボットなどに代替可能との推計結果が出たのです。

さらに2022年来、テキストや画像などオリジナルのコンテンツを作り出すことができる**「生成AI」が爆発的なブーム**となっていますよね。

社会実装が進めば、代替可能な職業はますます増える可能性があります。

私は生成AIブームの立役者である**ChatGPT**が登場した直後から、興味を持って使用してきました。

その技術に驚嘆する一方で、「仕事を奪われる」と過度に恐れなくていいと感じています。

特に、私が関わってきた子どもたちなら大丈夫だという思いがあります。

ChatGPTなどの生成AIを使う上で重要なのは、**プロンプト**です。

プロンプトとは、指示する文章（AIへの質問文）のことです。

生成AIから望ましい出力を得るためには、いかに上手に指示する文章を設計できるかが大事で、これには論理力が必須です。

逆に言えば、それができる人材は、生成AIなどでは代替できない存在なわけです。

生成AIに代替される人ではなく、AIを上手に活用できる人になろうということも、この本で皆さんに伝えていきたいことです。

R80はルールがシンプル！

R80は現在、**全国推定1000校以上で導入**されています。

茨城県の1校での実践から、7年でここまで広がったことは感慨深いです。

R80が広がった最大のポイントは、ずばり、ルールがシンプルだということでしょう。

軸となるルールは2つ。

①2文構成で80字以内

②2文目の最初に必ず接続詞を使う

これだけです。誰でもすぐ覚えられますよね。

もう少し詳しく説明すると、80字以内といっても短すぎるのはダメ。

40字×2文のイメージで、できるだけ80字に近づけます。

また、2文目の最初に使用する接続詞（※本書では、日本語の品詞としての接続詞以外にも、文と文をつなぐ役目を果たす言葉も広い意味での接続詞として扱っている場合があります）には、次のようなものがあります。

- **順接（したがって、ゆえに、だから）**
- **逆接（しかし、だが、ところが）**
- **並列（また、ならびに、かつ）**
- **対比（一方）**
- **換言（つまり、すなわち）**
- **理由説明（なぜなら）**

私が考えたR80の基本的な使用法としては、授業やワークの最後に用います。

学びの**振り返り（Reflection）**として、ペアやグループで話し合い、自分で**再構築**

（Restructure）して**80字以内**で書くというもの。

ここからR80というネーミングになっています。

ただ、R80が広がる過程で、様々な使い方が生まれています。

ある学校では、テストの記述問題をR80で書く形にしたそうです。

また、部活動の日誌をR80で書いている学校もあります。

新年度のクラスのレクリエーションの後にR80を書くことによって、仲間意識が醸成されたという報告もありました。

ルールがシンプルだから応用がきく。それもR80のよさです。

もちろん学校だけでなく、家庭や職場でも使えます。この本を読んだ人の中からも、新たな使い方が生まれてくるのではないかなと期待しています。

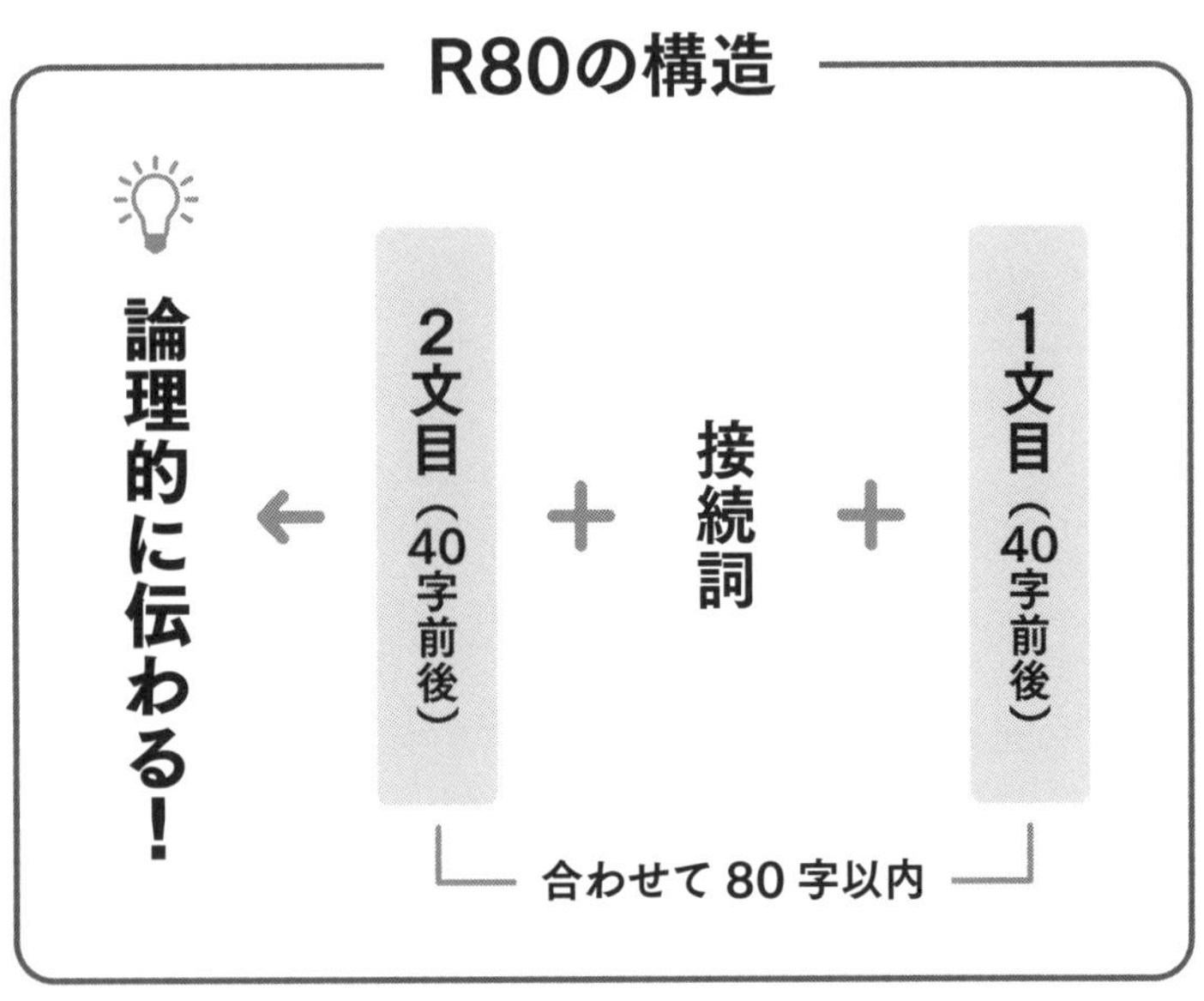
R80の構造
1文目（40字前後）
＋
接続詞
＋
2文目（40字前後）
←
論理的に伝わる！
合わせて80字以内

なぜ2文で80字がいいのか

80字という字数には、当然ながら意味があります。

ベースとなったのは、私がずっと意識してきた「**教科書の文体**」。

教科書を執筆した際、編集者から

「1文は50字以内ですよ。長文になったら必ず2文にしましょう」

と口を酸っぱくして言われたことが念頭にありました。

それくらいの字数が読みやすさの限度ということです。

ただ、50字×2文だと100字。3ケタになると、書くことが苦手な人には心理的負担を与えてしまうかなという心配がありました。

そこで40字×2文で80字にしたのですが、検証すると、極めて合理的な字数ということが明らかになりました（基礎編で解説します）。

R80をやって最初に実感するのは、**文章を書くハードルがぐんと下がる**ことでしょう。これなら気軽に、日常的に取り入れられるはずです。

さらにR80に馴染んでいくと、400字、800字、1200字と、長い文章にもどんどん対応できるようになっていきます。その方法も応用編で伝授します。

R80を初期に導入した高校の生徒さんからこう言われた時には、私も目からウロコでした。

「400字だってR80を5回ですよね」

こう言えるようになれば、記述問題や小論文だって怖いものなしですよね。

そんなセリフがサラッと出てくるのは進学校の生徒だけだろう、と思いますか？

いえいえ。

実際にR80を活用したある学校の事例をご紹介しましょう。

偏差値30台の高校で起きたR80の驚くべき効果

R80の萌芽期、偏差値30台でいわゆる「教育困難校」と呼ばれる高校の先生が、R80を知ってすぐ自分の授業で取り入れてくれました。

ただ、勉強で苦労してきた生徒ばかりです。授業の振り返りを80字で書けと言われても、すぐには難しそうですよね。

その先生が素晴らしかったのは、R80の使い方にひと工夫したことです。

まずは教科書を見ながら書いてもいいことにして、それを提出させ、添削するということを繰り返しました。

難易度を下げて場数を踏ませたことで、徐々に教科書を見ないでも振り返りをスラスラ書けるようになっていったといいます。

考案者である私は、進学校ではスムーズに導入できるだろうと踏んでいたのですが、教育困難校で使えるかどうかは未知数だと感じていました。

ですからその先生から報告を受けた時、正直に言うと、本当にみんなが書けているのかなと思ってしまいました。

その心を見透かされたのか「**中島先生、ぜひ見にきてください**」と誘われました。

いざ見学させてもらうと、生徒たちは目をキラキラさせながら授業（日本史です）を受けています。

そして最後に「じゃあ、いつものようにR80ね」と先生から言われると、ためらいなく一斉にR80を書き出したのです。

彼らの姿に感動して、**思わず「それは私が作ったんだよ！」と叫びたくなりました**（さすがにグッとこらえましたが）。

彼らの日本史の成績はうんと上がりました。

学習の振り返りを続けた効用ですね。

でも、それだけではありません。

先生いわく、生徒たちはR80についてこう口々に言うのだそうです。

「自分は文章が書けないと思っていたけど、書けるようになってうれしい！」

この学校の生徒の多くは、進学ではなく就職を希望します。

就職活動では、**志望理由書**を書かないといけません。

ただ例年の生徒たちは、自分の言葉でうまく書けずに四苦八苦していたといいます。

ところが、R80を続けてきた生徒たちは、400字ほどの志望理由書を上手に書くことができたのです。

前年度までの生徒とのあまりの違いに、学年主任がビックリして「一体なぜこんな文章を書けるんだ!?」と生徒たちに問いただします。

彼らが理由に挙げたのがR80でした。そのうち1人がこう言ったそうです。

「400字だってR80を5回ですよね」

そう、この言葉は、教育困難校の生徒さんが語ったことだったのです。

私もこの時点（R80を発表した最初の年度でした）では持ち合わせていない視点でした。R80は80字だけでなく長文を書けるようになるのだと、この生徒さんから教えてもらったのです。

さらに、校長先生から驚くべき話を聞きました。

R80を続けてきた生徒たちは、遅刻や欠席が減ったというのです。生徒指導の件数は激減したそうです。

もちろん、先生がたの熱心な指導あっての成果です。それでもR80のおかげだと言ってもらうと、考案者として胸が熱くなりました。

生徒たちは、自分にはできないと思っていた文章を書けるようになって、大きな自信を得ていました。

できなかったことができるようになれば楽しいですし、授業を主体的に受けるようになり、連動して生活態度も変わりました。

こうして**「R80で学校改革」**とも言うべきことが起こったのです。

R80を続ければ、スタート時点の学力に関係なく、どんな子でも成果が出ます。

そのことを教育困難校でのケースから実感していただけたのではないでしょうか。

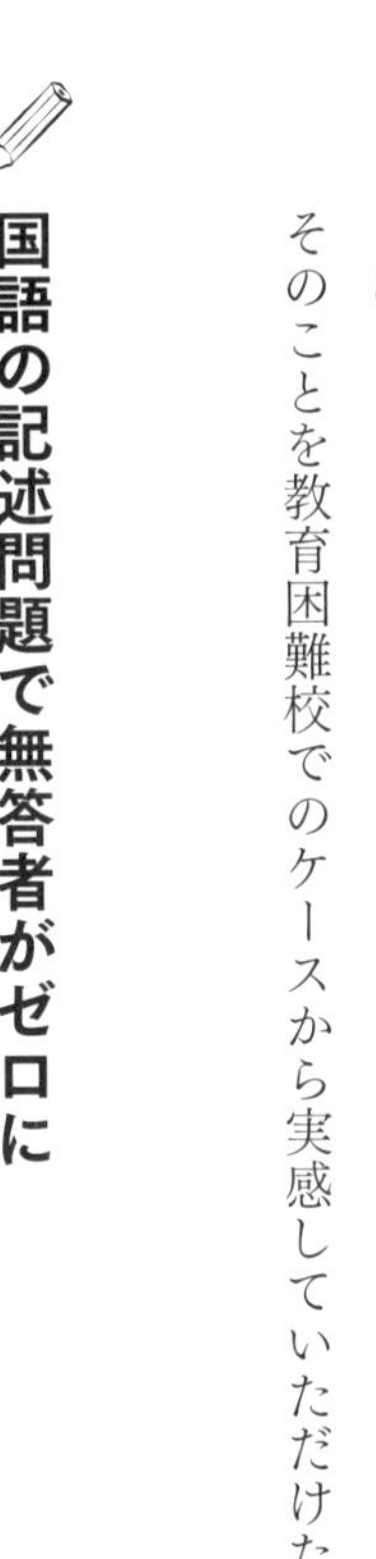

国語の記述問題で無答者がゼロに

ある公立小中一貫校では、学校を挙げてR80に取り組んだ結果、**文部科学省の全国学力・学習状況調査（全国学力テスト）**の成績が上がったという報告がありました。


成績が上がったことに加えて、特筆すべきことがありました。

全国学力テストの中学3年生の国語には、記述問題があります。

その記述問題で無回答の生徒が1人もいなかったというのです。

これは中学校の先生の常識からすると、奇跡的なことなのだそうです。

ちなみに、昨年度の**大学入学共通テストの国語**で、茨城県内の高校のトップは、R

80の最初の導入校である並木中等教育学校でした。文系理系でさほど差がなく高水準でした。

私は2016年度から4年間、同校の校長をしていました。

ですから昨年度の高校3年生は、中学時代の3年間を私とともに過ごした子たちです。中1の時からずっとR80に取り組んできました。

昨年度の共通テストの前に、高校3年生の学年主任が私に送ってきてくれたメールの一部をご紹介したいと思います。

「今年度になって、彼ら（3年生）の国語力の安定した高さに感心しておりました。R80のおかげであろうと常々感じております。秋の推薦入試でも（略）順調に合格を勝ち取ってきました」

共通テスト後の進路だよりには、

「**並木生の強みは記述力です。ここからが勝負**」

という言葉もありました。自分たちの武器を自覚し、自信を持って大学入試に挑めていますね。

結果として、この学年は144人中9人が東大に現役合格しました。現役合格率でいうと県内トップです。東大以外にも、難関大学に数多く合格しました。

同校はアクティブ・ラーニングはじめ様々な取り組みをしてきましたから、R80だけでこの進学実績が出ているわけではありません。

ただ、R80を文化として定着させたことで、生徒たちの書く力や考える力といった「論理力」が確実についたということは胸を張って言えます。

私自身は高校時代、理系科目や社会は得意だった一方、「国語はどう勉強していいかわからないなぁ」と悩んだものです。

暗記すれば点数が伸びる教科と違い、国語で求められる書く力や考える力は目に見えず、効果的な勉強法もはっきりしなかったからです。

今、教え子たちの飛躍を見ながら実感します。

R80を知れば、かつての私のように悩んでいる子も、**書く力や考える力=論理力を伸ばして、国語を含む学力の向上へとつなぐことができる**、と。

考案者ながら、こういう学びのアイテムが自分の学生時代にもほしかった！　とつい思ってしまいますね。

【基礎編】

3つのコツで、
誰でも書ける！

中学生・高校生が書いたR80

並木中等教育学校では、いろんな場面でR80が使われてきました。
実際に中高生がどんなR80を書いているか、一例をお見せしましょう。

まずは**中学2年生**。技術家庭科の授業で食品添加物について学び、最後に「**消費者としての私の選択は**」というR80のテーマが与えられました。

その時点で授業終了まであと**3分**。

時間切れになるんじゃないかとハラハラしましたが、チャイムが鳴るまでに全員R80を書き終えました。

こんな感じです。

安価でおいしいものが食べられればそれ以上はないと思う。**しかし、**お金に余裕があったり、値段に大差がない場合などは、できるだけ添加物のないものを食べるようにしたい。

（80字）

家族のこと、自分のことを考え、添加物はできるだけ避けていきたい。**しかし、**全て避けるのは不可能であるため、値段、品質などを自分自身で判断していくべきである。

（77字）

消費者としての私の選択は、無関心型の消費者である。**なぜなら、**添加物は特別に体に悪いというわけでもなく、適量なら安全なので避ける必要はないと思ったからである。

（78字）

学んだことを踏まえて、自分の意見を書けていますよね。R80のルールである接続詞を使った論理的な文章になっています。

お次は**中学3年生**。学校からほど近い**筑波大学の見学会**へ行った時のR80です。

この大学見学をする前は、大学での授業、生活、研究は自分の中で漠然としたものだった。**しかし、**今回の大学見学を通して、大学に入学後の様子がよくわかった。

（74字）

私は腰塚名誉教授の「人間の力は総合力！」という言葉に心を打たれた。**だから、**これからも周囲の人々や、その人たちとのつながりを大切にしていこうと思う。

（73字）

大学では、文理に拘(かかわ)らずに様々な視点から学
ぶことが必要だと思った。**なぜなら**、どの分
野の研究も、その分野単体で考えるのではな
く、様々な要素を含んでいるからである。

（79字）

学校行事というのは、振り返りの作業をしないと「楽しかった」「役に立った」といった感想の一言で終わってしまいがちです。そしてすぐに頭から抜けていきます。

しかしR80を使うことで、自分の考え（この時なら、自分の進路や将来についての考え）を整理したり深めたりすることができるのです。

最後は**高校3年生**です。公民科の教務主任による「主権者教育」の講義の後のR80です。「**多数決が暴走しないようにするために**」というテーマが課されました。

民主主義は、未だ完成された最も良い政治制度ではない。**しかしながら、**政治に参加し民意を表さなければ意味がなく、国民の権利を放棄したことと同様である。

（73字）

多数決によっても必ずしも民意の反映されない今の投票は、完璧ではない。**しかし、**私たちはそれを踏まえた上で投票に行き、自分たちが国政に参加することから始めるべきだ。

（80字）

私は今年18歳になったため今度の選挙に参加するが、その意義をあまり感じられなかった。**しかし、**不完全な民主主義を良いものに近づけるため参加しようと思うようになった。

（80字）

やはり高校3年生ともなると見事なR80ですね。

これらはいずれも2016年度の実践で、R80を始めて1年目の子たちが書いたものです。

ポテンシャルが高い子が書いたものではありますが、R80のルールを一度覚えれば、始めてすぐでもこれくらい書けるというイメージを持ってもらえればと思います。

1文目が短く、2文目が長いR80がありますが、問題ありません。でも、慣れてきたら、1文が40字前後になるといいですね。

慣れれば2分で書けるようになる

同校でR80を導入した当初は、どの学年でも書き終えるのに5分はかかっていました。

これからR80に取り組む皆さんも、**最初は5分が目安**になるでしょう。下書きしたり途中で鉛筆が止まってしまったりすると、それくらいはかかってしまうんですね。

しかし慣れてくれれば、中学生でも**2分**で書けるようになります。

これまた学力は関係なく、どの学校でも2分くらいに落ち着いていきます。

2分というのは、80字書くのに鉛筆が止まらないスピードです。

つまり、書くべき内容が頭にあって、そのまま文字化するとだいたい2分になるんです。

蓄積とはすごいもので、今の並木中等の生徒は1分くらいで書いてしまいます。

というのも、授業の最後はR80だなとわかっているので、生徒は授業を受けながら「こういうことを書こう」と常に頭を回転させているからです。

また、2分で書けるようになる頃には、**1文40字前後の感覚**が養われて、だいたい80字でまとまるようになります。

小学1年生からチャレンジできる

読者の中には「中高生と言わず、小学生でもできるかな？」と気になる人がいるかもしれません。

大丈夫です。

小学生からチャレンジしてもらえれば、高校生になる頃には、さぞかし実力がついていることでしょう。

私の検証では、**R80は小学1年生から始められます**。

ただし注意点があります。

R80で使う「接続詞」ですが、接続詞という言葉自体、小学校では使わないと小学校の先生たちから聞きました。

かわりに「**つなぎ言葉**」と言うのだそうです。

そして、学年によって、使えるつなぎ言葉が違います。

小1から使えるのが「なぜなら」。

小3から使えるのが「しかし」だそうです。

逆接的な概念のほうが難易度高めということなのでしょうね。

ですから、小1の子がチャレンジするなら、「**なぜなら**」で書くR80から始めるといいでしょう。

実際に、発達段階に合わせたR80に取り組んでいる小学校もあります。

［小学1年生の例文］

すきなかもくはなんですか。つなぎことばの「なぜなら」をつかってかきましょう。

わたしは、学校のかもくでこくごがだいすきです。**なぜなら、**文しょうをかくのがとてもたのしいからです。

（49字）

【小学3年生の例文】

すきなスポーツは何ですか。つなぎ言葉の「しかし」を使って書きましょう。

ぼくのすきなスポーツは、サッカーです。**しかし、**長く走っているとつかれるので、もっと練習したいと思います。

（52字）

小学校の低学年では、なかなか80字までは書けないかもしれません。でも大切なのは、つなぎ言葉を使って、2文で書くことです。そのことで、しだいに論理性が育っていきます。

R80のコツ

その1.

型を知ろう

文章が書けないのは「型」を知らないから

R80を使えば、今まで文章を書けなかった人も書けるようになります。

これ、裏を返せば、R80のような文章を書くための「**型**」を知らなくて書けなかった、ということではないでしょうか。

たとえば作文の課題を出されたとします。

原稿用紙を渡されて「はい、**400字**で自由に書いてね」と言われたら、文章の苦手な子の頭にはまず、指定された400という字数が浮かぶでしょう。

そして、それだけの字数を埋める方法が思いつかず、途方に暮れてしまいます。

そういう子たちが「自分は文章が書けない」と思い込んでいる気がします。

ところが、R80という「型」を知っている子だと、反応が違います。

それこそ「**R80を5回**」ということが浮かびます。

そこから、まずは結論的なR80を書けるかな、といった考えを展開していくことができます。

ルールのないスポーツがないように、文章にも一定のルールがあったほうが、どうプレーすべきかが見えてくるのです。


ところで**英語圏**では、レポートや論文を書くための文章の「型」を学校で教わるそうです。

各段落の1文目でその段落で伝えたいことを書く、**パラグラフ・ライティング**と呼ばれるものです。

この型によって論理的な構成になり、読み手にもわかりやすい文章になります。

R80も、伝え手の意図がはっきりわかるように書くのが特徴です。

また、「AなぜならB」というように結論を最初に示すことが多いです。

ですから、英語の先生や英語圏の留学・就業経験がある人にR80の話をすると「**英**

語の型と共通するものがありますね」と言われます。

教科書の文体を見てみよう

論理的でわかりやすい文章のお手本は、実は日本語でも身近なところにあります。教科書です。

私が「**教科書の文体**」を意識してR80を生み出した、という話をしましたよね。1文50字以内が目安で、長文になったら必ず2文に分けるという話です。

他にも口を酸っぱくして言われたルールがあります。

1文中に主語と述語を入れること（主語が2つ入るのは厳禁。主語述語1つずつです）。

そして、必ず**一通り**にしか読めないようにすることです。

伝え手の意図がはっきりしなかったり、誤読される可能性があったりすると、仮に編集者が見逃したとしても、文部科学省の検定には通りません。だから徹底的に推敲（すいこう）します。

教科書を読んで「これは名文だ」と感動する人はいないでしょうが、論理的でわかりやすいという観点からすると、非常に優れた文章なのです。

皆さん、教科書は手元にありますか。ない方もいると思いますので、実際の教科書をお見せします。

私が、執筆した**高校日本史B**の教科書の「**邪馬台国**（やまたいこく）」に関する部分です。

> 中国の歴史書のひとつ「魏志（ぎし）」倭人伝（わじんでん）には、2世紀後半に諸国が共同して、**卑弥呼**（ひみこ）を女王に立てたと記載されている。卑弥呼は、邪馬台国を都とし、30国ほどの小国を統合していた。また、卑弥呼は呪術的（じゅじゅつてき）な司祭者（しさいしゃ）（シャーマン）としての性格が強く、人前に姿をみせず、弟が政治を補佐していた。諸国には役人を派遣して統制していたが、とくに北部九州の伊都国（いとこく）には一大率（いちだいそつ）とい

う検察官を派遣した。また当時の倭の社会には、大人・下戸・生口といった身分秩序があり、刑罰や税の制度もつくられていた。

239年に、卑弥呼は大夫難升米を帯方郡に派遣し、魏の都洛陽への上洛を実現させた。魏は卑弥呼に対し、「親魏倭王」の称号と金印紫綬・銅鏡100枚などを授けている。248年ころ、敵対していた狗奴国との抗争中に卑弥呼が死ぬと、人びとは女王のために大きな墓をつくった。そののち男の王が立ったが、国内が再び乱れたため、13歳の壱与を女王とした。壱与は、魏にかわった晋に対して、266年に使者を派遣した。この記録を最後に、倭国についての記載は、しばらくのあいだ、中国の歴史書から姿を消すことになる。

邪馬台国の所在地については、畿内説と九州説が対立している。畿内説をとると、3世紀の段階で畿内から九州まで支配する統一政権が誕生していたことになる。一方、九州説をとると、邪馬台国は地方政権の域を脱していなかったことになる。

清水書院『高等学校　日本史B』（2004）より

いかがでしたか。

このように「教科書の文体」は、1文が短いのです。

R80で目指すところも、いわゆる名文とは異なります。文学的な名文は、論理的であるより、情緒的であったり、婉曲（えんきょく）的な表現であったりするほうが美しいと評価されることがあります。

しかし大学入試の記述問題や小論文で必要とされるのは、**論理的な文章**です。文学的な文章ではありません。

R80は接続詞を使うことで、読む人に対して補助的に、もっと言うなら強制的に、展開を示していきます。

そのことで論理的な文章にしていくわけです。

余談ですが、**接続詞がタイトルの有名な文学作品**があります。

なんだかわかりますか？

正解は、夏目漱石の『それから』。

面白いことに、作品中で漱石が接続詞をたくさん用いているかというと、むしろ逆です。

日本を代表する文豪は、文学的表現を追求して接続詞を避けたのかもしれませんね。

書く前に誰かに30秒話すと書きやすい

R80を「型」として考えた時に、書くこと以外でやってほしい作業が1つあります。

R80で書こうとしている内容について、頭の中にある考えを、誰かと30秒話してほしいのです。

相手がいなければ、独り言でも構いません。

なぜなら、一度口から**アウトプット**することで自分の考えが再構築されて、書きやすくなるからです。

そのことを示す実例があります。

ある教員研修会に私が招かれて話をし、最後の2分間で振り返りのR80を先生たちに書いてもらったことがあります。

すると、半数の先生が書き終わりませんでした。

ところが別の教員研修会で、2人1組のペアワークで1人30秒ずつ話し合ってもらった後にR80を書いてもらうと、見事に全員が2分間で書ききったのです。

皆さんも特に最初のうちは、R80を書くにあたって、誰かとペアを組んで30秒ずつ話すと効果的です。

友だちでも家族でもいいので、ペアワークができる「**R80仲間**」を見つけられるといいですね。

独り言であっても、口に出すというプロセスの意義は大きいと思います。書いた文章を推敲する際も、声に出して読んでみると修正すべき点に気づきやすいといいますから。

R80の経験を積んでいくと、ペアワーク（あるいは独り言）を自然とR80で話すようになっていきます。

そうなる頃には、2分くらいで書けるようになっているはずです。頭の中でR80が整理されているからです。

そこまで上達すると、口に出す作業は必要なくなります。

R80のコツ

その2. 1文40字くらいを目指そう

なぜ1文40字がいいの？

R80は、40字×2文で80字が理想形です。

なぜ**1文40字**がいいのか。

検証すると、面白いことが色々と見えてきました。

まず、放送メディアの**ニュース原稿**は、1文40字程度ということがわかりました。

これは放送部の顧問をしていた先生が教えてくれたのですが、アナウンサーが読み上げた時に伝わりやすい短さなんですね。

「だから**R80は理にかなっていますよ**」と言われました。

それを知って以来、ニュースに字幕を表示するようにしたところ、やはり40字前後になっています。

意識して見れば見るほど、どのニュースも、主語述語があって論理的な短文で構成されているのです。

皆さんもよかったら字幕を表示して見てみてください。**「1文40字」**の伝わりやすさを実感できると思いますよ。

他にも、世の中にあふれている文字情報は1文40字前後のことが多いです。

身近に潜んでいる「1文40字」を発見するのが面白くて、私はつい文字数を数えてしまいます。

美術館に行くと、作品の横に解説のパネルがありますよね。「この解説は読みやすいな」と思って1文の文字数を数えると、40字前後です。

逆に時々「読みづらいな」と思う解説にあたると、1文の文字数が多すぎるんです。

1文が100字を超えると、さすがに読みづらいですよね。

ここで、東京・六本木にある国立新美術館で見学した「テート美術館展」の展示解説パネルを紹介します。

フランスの印象派たちは、光そのものを絵の主題にしました。クロード・モネ、カミーユ・ピサロ、アルフレッド・シスレーらは、戸外で制作するために思い切って地方へと足を延ばしました。彼らは、光、大気、そして動きのつかの間の変化をカンヴァスに留めるために自然の中で制作したのです。多くの風景画家たちがアトリエで入念な作業に取り組んでいた時代に、印象派たちの制作方法は珍しいものでした。

いかがですか。短文で読みやすいですよね。

また、パソコンで文章を書く人なら、**Word**という文章作成ソフトを使ったことがあるのではないでしょうか。私自身はWordではなく、**一太郎**というソフトを使って

います が。

数えてみて「おっ！」と思ったのですが、Wordも一太郎も、デフォルト（基本設定）は1行40字でした。

これもまた、40字程度がちょうど読みやすいという**暗黙のメッセージ**が隠れているかもしれないですね。

あまりにも短文は△

ここまで文章を短くするという話をしてきました。

もしかしたら「1文40字と言わず、10字とか20字でもいいじゃないか」と思った人がいるでしょうか。

うんと短くすることで印象に残るフレーズはたしかにあります。

夏目漱石をまた例に出すと、『**吾輩は猫である**』の有名な書き出しがありますよね。

「吾輩は猫である。名前はまだ無い。」

なんと1文8字、2文でたった16字。しかも、接続詞はない。

文学はもちろん、この本でもあえて短くしている文章があります。

企業や商品などの宣伝のために書かれる**キャッチコピー**も短いですよね。

そうした短文には、読み手の目を引きつけるという効果があります。

しかし、R80は学びのアイテムです。目を引くこととは別の目的があります。

まず、読み手に対しては、論理的で伝わりやすい文章にするということ。

先ほど挙げたニュース原稿もそうですが、論文的な文章で1文が短すぎることは少ないものです。

そして、書き手である自分にとっては、論理力や思考力といった力を磨くということです。それらの目的を考えると、R80の場合は文章を短くするほどいいわけではなく、1文40字くらいが理想的なのです。

国が作成する「公用文」が読みづらいワケ

今の話とは逆に「大人の書く文章は長いじゃないか」と思う人もいるかもしれません。

長い文章ということで私が真っ先に思い浮かべるのは、国の府省庁が作成する「**公用文**」です。

学校の先生は公用文を読む機会が結構あるのですが、読みにくくて大変なんです。若い官僚の方についつい「なんで1文をあんなに長く書くんですか?」と聞いたことがあります。

その人は苦笑しながら、

「実は我々はもう少し短い文章で書いています。ただ、上(上司)に行くに従って長くなるんです」

と話していました。

要するに、誤りなく書かないとさらに上の人にツッコまれるかもしれないという恐れが強くて、持っている情報をあれもこれもと盛り込んでいってしまうんですね。

そうなると「結局何が言いたいの？」という文章が出来上がってしまいます。

何通りにも読めてしまう文章というのは、公用文として非常にまずいと思うのですが……。

そういう文章の例は、日本には多くあります。

でもR80を学ぶ皆さんには、大人が書いているからといって、それをお手本とはしないでほしいのです。

なお、公用文もこれからは変わっていくかもしれません。

２０２２年、公用文作成の**新たな手引き**が通知されたからです。

その中にズバリ「一文を短くする」という項目があります。

長い文章は句点や接続詞を使うなどして複数の文に区切る、といったR80とも通じるようなことが書かれていますよ。

R80のコツ その3.

得意の接続詞を作ろう

初心者は「接続詞を限定して使ってみる」

序章の30ページで、R80で使う接続詞の例を示しました。

接続詞には色々ありますが、無理にあれこれ使おうとしなくてもいいんです。

むしろ初心者は「**接続詞を限定してみる**」というやり方もあります。

ある高校の**硬式野球部**では、接続詞を「**しかし**」で固定した面白い活用をしています。この野球部では、3週間の短期目標設定を行っています。

その目標設定の背景・理由を、R80を使って書くのです。

ただし、以下のようにルールを独自に変更しています。

①100字以内

②2文を「しかし」でつなぐ

部の監督に聞いたところ、80字から100字にした理由は、野球の専門用語が多く出てくることを想定したからだそうです。

そして接続詞を「しかし」に固定したのは、「理想（1文目）しかし現状（2文目）」という型に落とし込むことで、自身の課題や反省点を見つけられるようにという工夫です。野球部の子が書いたR80ならぬR100の一例が、こちらです。

夏の大会で好投手の球を打ち返すためにスイングスピードを150キロ以上にしたい。**しかし、**現状では136キロしか出ておらず、スピードにもばらつきがあるため、通過点として142キロを今回の目標にした。

（97字）

「しかし」を使うことで、冷静な自己分析ができているなぁと感心しました。部活動でやっている取り組みではありますが、監督によると、推薦入試でR80の効果を実感したり、大学進学後にレポートを褒められたりしたという報告もあるそうです。

接続詞の固定に加えて、**1文目を固定**という活用法を取り入れている学校もあります。

ある教育困難校の高校の事例です。

この学校でR80を導入した当初、生徒さんの多くが書けないという状況がありました。基礎編で紹介した教育困難校よりも学力的に厳しかったようです。

そこでこの学校の先生が編み出した方法が、1文目を先生が書き、接続詞は「なぜなら」で固定。さらに2文目の末尾も「〜だから」で固定したのです。

つまり、なぜなら〜だからという2文目の30字少々だけを生徒たちが書くところからスタートしたということです。

授業の振り返りで「1文目＋なぜなら〜だから」の例を挙げてみます。

今日の授業で最も印象に残ったことは、「まわりの人たちのために学ぶ」ということでした。**なぜなら、**　　　　　　　　　　　　　　からです。

生徒が書いたのち、先生は、例文としてこのようなR80を紹介しました。

今日の授業で最も印象に残ったことは、「ま
わりの人たちのために学ぶ」ということでし
た。**なぜなら、**勉強というのは自分のためだ
けにするものだと思っていたからです。

（78字）

彼らは「**1文目＋なぜなら〜だから**」固定型で練習を重ねることで、R80を書くコツや自信を摑(つか)んだようです。

その後、R80でいろんな接続詞を使って80字書けるようになったという報告がありました。

文章に慣れていない子や、年齢の低い子にも参考になりそうな面白い方法ですよね。

中学校での「また」禁止条例！

数ある接続詞の中でも、Ｒ80初心者はできるだけ使わないでほしい接続詞があります。

「また」です。

Ｒ80で使う接続詞の例を示して「自由に接続詞を使いましょう」とだけ言うと、中学生が真っ先に選ぶのは「また」です。

彼らにとってあまり考えずに書ける接続詞なんですね。

並木中等でも最初はそうでした。

「また」を使ったＲ80がゾロゾロ出てきました。

でもＲ80の目的は、簡単に書けること、じゃないですよね？

そう、論理力をつけるものでなければ、簡単に書けても意味がないんです。

そのＲ80の目的を踏まえると、「また」は並列の接続詞として2つの文章をくっつけるだけ。論理力をつけるためには働いてくれません。

だから文法的に間違いではなくとも、勉強のためには初心者は使わないほうがいいんです。

もっと長い文章を書けるようになってから上手に使ってください。

「なぜなら」は最強の接続詞

どの接続詞が一番オススメかと聞かれたら、私は迷わず「なぜなら」を挙げます。

論理的な短文の肝に「最初に結論を述べる」ということがあります。

その点、「なぜなら」を使うと、自動的に「**結論（1文目）なぜなら理由（2文目）**」という型になるんですね。

私は教員向けの講演会でR80を体験してもらう時、「なぜなら」を使って書くというワークをやります。

初めて書く時でも、「結論（1文目）なぜなら理由（2文目）」という型だとわかると書きやすいだろうという意図によるものです。

対象が子どもの場合でも、「なぜなら」は**小学1年生**から使えます。最も幅広い年代で使いやすい接続詞でもあるわけです。

子どもから大人まで使えて、たった2文で論理的表現の型を作ってくれる。

だからR80を使ううえで、「**なぜならは最強の接続詞**」なんです。

特に「〜について書きなさい」というお題の時には、「なぜなら」の型を意識するとスッと書けますよ。

並木中等では「また禁止」の後、「なぜならブーム」が起きました。

生徒たちはR80を書いていく中で「なぜなら」が一番使いやすいな、と体得したのでしょう。

「一方」を使うと文章がかっこよくなる

もう1つ、R80に慣れてきたらオススメしたい接続詞が「**一方**」です。

私はR80を考案する以前から、大学入試の**日本史の論述指導**をする時に、「『一方』を使って文章を展開すべし」と盛んに言ってきました。

たとえば**東大の2023年の入試問題**を見てみると、日本史の記述問題は全部で4問あり、60字、90字、150字、180字で書くようになっています。30字×数行というスタイルは昔から変わりません。

つまりR80の80字ドンピシャではないけれど、「短くまとめる」ということでは通ずるわけです。

短くまとめる時に、「一方」には「なぜなら」とはまた違った強みがあります。

たった2文字、読点を入れても3文字で、**対比論文**が書けるということです。

対比を展開することで、問題文をしっかり読み込んでいるということを、読み手である採点者にアピールできます。

短文に論理的説得力を持たせて、何より**かっこいい印象**を与えるんですよね、「一方」は。

それでは、ここで、元高校日本史教師の私が、次の2つの問題について、「一方」を使って書いてみますね。

〔問題1〕 前期古墳と中期古墳の副葬品からわかる、被葬者の性格の違いについて、80字以内で述べよ。

前期古墳には銅鏡・勾玉（まがたま）など呪術的副葬品が多く、被葬（ひそう）者は司祭者的性格であった。一方、中期古墳には鉄製の武器・武具が多く、被葬者の武人的性格が強まったことがわかる。（80字）

〔問題2〕 日清戦争と日露戦争の講和条約の大きな違いと、そのことによって国内で何が起こったかを80字以内で述べよ。

日清戦争後の下関（しものせき）条約により日本は多額の賠償金を獲得した。**一方**、日露戦争後のポーツマス条約では賠償金が全く得られず、講和反対派による日比谷（ひびや）焼き打ち事件が起こった。（80字）

というわけで、「**一方はマジック接続詞**」だと私は思っています。入試の論述指導をしている先生が読んだらマネするかな……いや、ぜひマネしてほしいです。

もちろん受験生の皆さんも。書き手にも読み手にもメリットがありますから。
これで来年の入試で「一方」が流行(はや)ったら面白いですね！

【実践編】

R80で書いてみよう！

できれば手で書くことをオススメします

さて、このあたりで皆さんもR80を書いてみませんか。

まず、下書きを書いたところ100字もあったので、それを80字以内に収めた例をお見せします。

次に、下書きで文字数がだいぶ足りなかったので、加筆して78字にした例をお見せします。

そのあと、誰でも今すぐ書けるような例題を6つ用意しました。

正解があるわけではありませんが、私もそれぞれ書いてみました。

皆さんが書き終えたら左のページを見てください。

文末表現は「**です・ます調**」「**だ・である調**」のどちらでも大丈夫ですよ。

私はテーマの硬軟（こうなん）で変えてみました。

R80は**鉛筆やペン**を手にして書くことを推奨します。

もちろんスマホやパソコンでも書けるし、それでもいいのですが、私としては鉛筆やペンを念頭に考案しました。

理由は2つ。

1つは、入試を見据えて。入試はまだ手で書く時代ですからね。

もう1つは、頭が働くから。酒井邦嘉（さかいくによし）・東京大学教授らの研究によると、スケジュールを書きとめる時に、スマホなどの電子機器と比べて、紙の手帳を使ったほうが記憶の想起に対する脳活動が高くなるとのこと。

手で書くことが、記憶力や創造性につながるそうです。

例題を終えたら、毎日の**振り返り**をその日のうちにR80で書くのがオススメです。

たった80字だから日記より三日坊主になりにくいし、R80を習慣化できます。

下書きから80字くらいにしてみよう

［下書き］最近の振り返り

4月の登山で筋力不足を痛感したので、5月から週2〜3回スポーツジムに通っている。**そのため、**筋力・体幹・心肺機能が向上し、登山での登りが非常に楽になっており「筋肉は裏切らない」という言葉を実感している。

（100字）

下書きで100字になってしまったので、説明部分などをカットしました。

←

【修正後】最近の振り返り

5月から週2～3回スポーツジムに通っている。**そのため、**筋力・体幹・心肺機能が向上し、登山での登りが非常に楽になっており「筋肉は裏切らない」を実感している。

（77字）

下書きから80字くらいにしてみよう

［下書き］今日最もうれしかったこと

今日、最もうれしかったことは、書籍『R80』が出版されたことです。**なぜなら、**R80を多くの人たちに知ってもらえるからです。

（59字）

59字しかありませんね。2文目に説明を加えて80字に近づけると、より伝わる文章になります。

←

【修正後】今日最もうれしかったこと

今日、最もうれしかったことは、書籍『R80』が出版されたことです。**なぜなら、**自分が考案したR80を全国の多くの人たちに知ってもらい、活用していただけるからです。

（78字）

このように、文章の長さを調節することは、難しいことではありません。
それでは、皆さん、次のページからの**6つの例題**にチャレンジしてみましょう！

実践、R80で書いてみよう

【例題1】最近感動したこと

（　　字）

【例題1】回答例

バスケットボールW杯での日本チームの活躍に感動しました。**なぜなら、**点差が開いても決して諦(あきら)めることなく、最後まで自分たちを信じてパリ五輪出場権を獲得したからです。

（80字）

実践、R80で書いてみよう

［例題2］好きな映画について

【例題2】回答例

私の好きな映画は1994年に公開された「ショーシャンクの空に」です。**というのも、**この映画を初めて観た時、真面目に学ぶことで信頼を得て夢が叶うと感じたからです。

（79字）

実践、R80で書いてみよう

【例題3】好きな歌について

【例題3】回答例

私の好きな歌は、松山千春さんの「大空と大地の中で」です。**実は、**大学時代に北海道を旅していた時に初めて聴いて、大きな気持ちで力の限り生きようと思った歌なのです。

（79字）

実践、R80で書いてみよう

【例題4】私の趣味について

【例題4】回答例

私の趣味の一つは、ガンプラ（ガンダムのプラモデル）制作です。**とくに、**シャア・アズナブルの搭乗した、ジオングや百式（ひゃくしき）やサザビーのデザインが素晴らしいと思っています。

（80字）

私の趣味の一つは、ゴッホ、モネ、マティスなど西洋絵画の美術展覧会に行くことです。**一方、**近代の日本絵画も好きであり、佐伯祐三（さえきゆうぞう）、藤田嗣治（ふじたつぐはる）、関根正二（せきねしょうじ）のファンです。

（78字）

実践、R80で書いてみよう

【例題5】私の好きな歴史上の人物

（　　字）

【例題5】回答例

私は『学問のすすめ』で教育の重要性を強調し、近代的教育制度を提唱した福沢諭吉が好きだ。**また、**彼の考えは、日本の未来を切り拓く上で魅力的で、その志を尊敬している。

（80字）

実践、R80で書いてみよう

【例題6】旅行で行ってみたいところ

20

40

60

80

（　字）

【例題6】回答例

日本の歴史と文化が息づく都市である京都に20また行ってみたい。**なぜなら、**神社仏閣での40花見や紅葉狩りなど、季節ごとに美しさがあ60り、何度訪れても新たな発見があるからだ。80

（80字）

皆さん、いかがでしたか。

実際に書いてみると、結構時間がかかった、80字でまとめるのが難しかった、という方が多いと思います。

でも、大丈夫。R80で大切なのは慣れなのです。

何度も書いていくうちに、**R80感覚**が身についてきます。

とにかく、いっぱい書いてみましょう。

生徒たちも、最初は苦労していましたが、やがて、**R80達人**に成長していました！

【応用編】小論文は「R80」×「因数分解法」で書ける！

R80が大学入試に役立つ納得の理由

R80は、変化著しい現在の大学入試に対応できるメソッドです。

……という話をこの応用編の冒頭に展開したいのですが、そもそも**「現在の大学入試」**がどう変化しているのか、ピンと来ない人は少なくなさそうです。

今の中高生のお父さんやお母さん世代に聞いても「大学入試は一般入試か推薦入試、それにせいぜいAO入試でしょ？」というイメージで止まっているかもしれませんね。

そこでまずは「現在の大学入試」について説明していきます。

R80が大学を目指す中高生に役立つ理由、特にR80で長文に対応できるようになるメリットが伝わりやすくなるはずです。

大学入試は、**2021年から**大きく変わりました。

制度としては以下の3種類があります。

①**学校推薦型選抜**（旧・推薦入試）
②**総合型選抜**（旧・AO入試）
③**一般選抜**（旧・一般入試）

パッと見てわかることとして、名称が「入試」から「**選抜**」になっていますね。

特に、なぜ①と②の名称が大きく変更されたかというと、従来の推薦入試やAO入試では、学生の学力が担保されないということが問題化したからです。

AO入試の場合、面接だけで合格とか、自己推薦文を事前提出して面接で終了といったケースがありました。

推薦入試でも、学校の推薦さえあればあとは面接だけということも。

安易な入試があると、高校時代に勉強せずに大学進学する生徒が出てきます。

その結果、基礎学力の乏しい彼らが大学の学問についていけないというケースが多発しました。

この問題が表面化したことで、文部科学省が「**ちゃんと選抜しなさい**」という方向性を示し、それに伴って名称も変わりました。

ちなみに①と②の一番の違いは、校長の推薦文が必要かどうかということです（①は必須）。

そしてここからが大事なポイントです。

現在、①と②の選抜で、私立大学への入学者は5割を超えています。

国公立はまだ2割程度ですが、ゆくゆくはもっと増やすという目標が掲げられています。

では、大学はどうやってそれだけの学生を「選抜」していると思いますか？

選抜方法で圧倒的に重きを置かれているのが、**小論文**なんです。

大学によって違いはありますが、小論文に面接やプレゼンテーションがついてくるというのが基本です（東大の推薦だと共通テストも）。

つまり、書く力や話す力を測られて大学に入る時代へと変化してきているわけです。

付け加えると、③の一般選抜も、以前とは様変わりしています。1つは、すでに触れてきたように、一般選抜にも**記述問題**が増えているということ。やっぱり書く力が重視される時代になってきたという表れですね。

もう1つは、2021年から大学入試センター試験が「**大学入学共通テスト**」になり、出題傾向が変わったことです。

センター試験の頃は、単純な知識問題が多く、ほぼ記憶によって解答できるものでした。私の専門の日本史でいうなら、教科書を暗記していれば8～9割は解けたものです。

ところが大学入学共通テストになってからは違います。

日本史でも、覚えているだけでは半分ちょっとしか解答できません。4割前後は、問題文をよく読み込んで**考える力**がないと解けないようになったのです。

さらに日本史だけでなく、国語や英語などでも問題文が**長文化**しています。

つまり、**読解力**が不可欠になったのです。

ここまで読んできてくれた皆さんなら、R80が考える力や読解力、書く力といった能力を伸ばす「学びのアイテム」だともう知っていますよね。

だからR80は、現在の大学入試に対応できるメソッドだと自信を持って言えるのです。

400字を「因数分解」すればR80×5回

ただ、小論文となると、80字よりうんと長文を書けるようにならないといけません。

そこで提唱したいのが、**「R80の因数分解法」**です。

カッコいい名称ですが、難しいことはありません。

この言葉を思い出してください。

「400字だってR80を5回ですよね」

そう、つまりは小論文の字数を因数分解すれば、R80×〇回というふうに考えられる、という話なんです。

R80の因数分解法も、シンプルなルールです。

①字数をR80×〇回と因数分解する
②1：3：1に配分し、序論・本論・結論を書く
③本論は3つの具体例を等分に書く

「序論・本論・結論」というのは、論文でよく使われる構成のことです。
序論では、課されたテーマに対する自らの認識を整理し、論点を示します。
本論では、論点について具体例を展開します。
結論では、ここまでの内容をまとめ、課されたテーマに対する結論を出します。

たとえば400字の場合、R80の因数分解法でいうと、R80×5回ですよね。
その5回を1：3：1に配分すると、

R80×因数分解法　イメージ図

序論		R80 ×○回
本論	具体例1	R80 ×○回
	具体例2	R80 ×○回
	具体例3	R80 ×○回
結論		R80 ×○回

○＝1 なら R80 が 5 回で 400 字

○＝2 なら R80 が 10 回で 800 字

○＝3 なら R80 が 15 回で 1200 字

序論（R80×1）、
本論（R80×3）、
結論（R80×1）、
ということになります。
本論のR80×3は、3つの具体例にそれぞれR80×1を振り分けます。

R80を使って400字小論文を書いてみた

ここで実際にR80の因数分解法を使った**400字の小論文**を見てみましょうか。

「**地域に開かれた学校づくり**」というテーマで私が書いた例文です。

〈400字例文〉

　開かれた学校づくりが望まれている今日、高校では地域との連携が充分進んでいるとは言い難い。**そのため**、私は学校改革の一環として3つの方策を実行したいと考えている。

　まず、我が校の授業の様子を知ってもらうために年間4回の公開授業を実施する。**しかも**、保護者・学校関係者だけでなく、小中学生や近隣住民の方にも見学に来ていただく。次に、近隣小中学校への出前授業を推進するとともに、先生方同士の交流の場を設ける。

序論　R80 × 1

本論　R80 × 3
（具体例3つ・R80 × 1ずつ）

なぜなら、生徒募集という観点からも近隣校との連携は不可欠だからである。さらに、課題を設定して地域に飛び出し、主体的に探究する学習を実施する。**たとえば、**聞き取りの実施は、コミュニケーション能力や社会形成能力を高め、キャリア教育にもつながる。

　地域密着型の高校は、定員確保を達成し、地域に愛される学校になる。**そのことで、**生徒が学校にプライドを持つようになり、教職員にとってもやりがいのある職場となる。

結論　R80 × 1

書き方のイメージが湧いたでしょうか？

型を使うことで、書き手（私）が書きやすくなるのはもちろんなのですが、**読み手**にとっても構成のバランスのよさを感じませんか。

小論文は、人に読んでもらい、納得してもらうための文章です。そのためには読みやすい形を作らないといけません。好き勝手に書いて「書きたいことを書けた」と自己満足してはダメなのです。

具体例を3つ挙げることで説得力が増す

説得力を増すために特に大事なのが、本論で**3つの具体例**を挙げることです。

なぜ具体例が大事かというと、生成ＡＩにヒントがあります。

私は生成ＡＩの代表格である**ChatGPT**を、リリース直後から使ってきました。

ChatGPTが優れている点は、文章がスッキリしていることです。

要点を箇条書きにしてくれるなど、とにかく読みやすいんですよね。

一方で、論文やレポートを書かせてみると、つまらないなと感じることが多くあります。

先日、英語講師の第一人者である安河内哲也先生が、卒業式での**校長の式辞**をChatGPTに書かせてＳＮＳにアップしていました。

元校長の私としては興味津々、ちょっぴり脅威も感じつつ読んでみましたが、やっぱりつまらなかった。

いくら文章が上手でもつまらない理由は、**エピソード**がないからです。

校長の挨拶文でいえば、その校長にしか語れないような話がないと、それらしいことは書いてあっても一般論でしかありません。

独自性を出して唯一無二の論文にするには、具体例なりエピソードが不可欠なのです。

ただ論文の場合、自分の主張の根拠となる具体例が１つだけでは、説得力に欠けますよね。２つでもちょっと寂しい。

ある程度の長文で何かを論理的に説明しようと思ったら、**3つ具体例**を挙げることで説得力が増すと私は考えています。

私自身、試験でこういう型を使ってうまくいった経験があります。

校長登用試験を受けた時のことです。

試験には**1200字の論文**がありました。時間配分を考えると、1時間で書かないといけません。

過去問はすべて書いて練習しました。でも、本番ではどんなお題が出るかわかりません。

初見のお題でも限られた時間内に1200字ぴったりで書ける方法はないか、と考えて、思いついたのが「**因数分解法**」の原型でした。

当時はR80開発前ですから、111ページのルールの②③だけ。それでも型を準備して臨んだことで、本番では落ち着いて伝えたいことを整理し、1時間で1200字ちょうどでまとめることができました。そしてめでたく校長になることができたのです。

この原型をR80とかけ合わせたことで、さらに長文を書きやすくなり、文章の論理性を強化することにつながりました。

R80を使って800字小論文を書く方法

さらに長文の場合でも、R80の因数分解法のルールは同じです。

校長登用試験用に「**学力向上**」というテーマで書いた、**800字**（一部改訂）と、今回「アクティブ・ラーニング」というテーマで書いた、1200字の例文を示します。

まずは800字から。R80×10回で、

序論（R80×2）、

本論（R80×6、3つの具体例にR80×2ずつ）、

結論（R80×2）、

です。

〈800字例文〉

　我が国は少子高齢化が進み、今や人口減少国家となっている。**だからこそ、**未来社会を生き抜くために、高校段階での「学力向上」が最も重要な教育課題だと考えている。今日まで、学力向上が「学んだ力」の追求になっているが、真の意味での学力向上とは「学ぼうとする力」の向上にある。**そのため、**私は校長として、次の3つの方策を実行する。

　第一に、学ぶことの目的・意義を全校集会や校長通信で伝える。**あわせて、**「何のため

序論　R80×2

に学ぶのか」という根本的な部分を、生徒全員で考える機会を設ける。学校の教育活動全体をキャリア教育の視点でとらえ直してみると、ほとんどが学力向上につながっていることがわかる。**その点で、**学力向上全体計画をつくり、教員・生徒・保護者に示していく。

　第二に、地域貢献を通したキャリア教育を積極的に推進する。**たとえば、**ボランティア活動や施設訪問もキャリア教育であり、生徒は自分の存在価値を肌で感じる機会になる。

本論　R80 × 6
（具体例３つ・R80 × 2ずつ）

〈800字例文〉

地域貢献により、生徒は「もっと勉強しなければ」と感じるとともに、「何のために学ぶのか」ということを知る。**さらに、**地域貢献は、学校の信頼度の向上につながる。

　第三に、世界で活躍できるグローバル人材の育成である。**そのために、**海外派遣とともに、授業をアクティブ・ラーニング型に改善し、課題探究型の学習を取り入れていく。大学入試が大きく変わるので、高校の授業も従来のスタイルに捉(とら)われることなく、改革すべきである。**そのことで、**日本中から注目される新しいタイプの学校を作ることができる。

私は、教育委員会にいた2007年9月に中国の教育事情を10日間視察する機会に恵まれた。**その時、**私の接した中国の高校生は、高い集中力で必死に勉強していた。日本の未来を担う高校生には、もっと意欲的に主体的に学んで欲しいと考えている。**そのため、**私は校長として「学力向上」という大きなテーマについて、誠心誠意取り組む所存である。

結論　R80×2

R80を使って1200字小論文を書く方法

続いて、私の研究テーマである「**アクティブ・ラーニング**」について書いた**1200字**です。

R80×15回で、

序論（R80×3）、

本論（R80×9、3つの具体例にR80×3ずつ）、

結論（R80×3）、

です。

〈1200 字例文〉

　２０１５年春、校長になった私は、アクティブ・ラーニング（以下ＡＬ）の研究を始めた。**なぜなら、**校長室に大机と本棚があり、教育の未来の研究ができると考えたからである。元京都大学教授溝上慎一氏は、ＡＬとは「あらゆる能動的な学習のこと。能動的な学習には、書く・話す・発表するなどの活動への関与と、そこで生じる認知プロセスの外化を伴う」と述べている。私はＡＬの目的は、アクティブラーナー（能動的学習者）の育成

序論　R80 × 3

〈1200字例文〉

だと考えている。**そのため、**以下の3つの方策を考案し、全国での講演等で伝えている。

まず、2016年に学びのアイテムとしてR80を考案した。**なぜなら、**思考力・判断力・表現力と論理力を鍛えることによって、ALを学力向上につなげようと考えたからである。私は、R80を授業の最後の振り返りで活用してもらうためにつくった。**ところが、**今では課題やテストの解答、学校行事の振り返り、学活や部活動等でも活用されている。R

本論　R80×9
（具体例3つ・R80×3ずつ）

80により、文章執筆に抵抗がなくなり、表現力が高まり学力向上につながっている。**しかも、**話し方が上手くなり、プレゼン力・コミュニケーション力が高まる効果も出ている。

次に、2017年にTO学習（TO：Teaching Others）を考案した。**これは、**学年を超えた、縦割りのペアワークやグループワークであり、ALを深化させようとしたものである。上級生には、「自分のために学ぶ」だけでなく「他の人のために学ぶ」ことを実感して欲しかった。**一方、**下級生には、先輩に教えてもらう喜びを感じ、学びの自覚が生まれていたようだ。Ｒ80が全国に広がっているのに対して、残念ながらＴＯ学習は広がっていない。**その理由は、**日本の中学校・高校に異学年が一緒になって授業を行う文化がないからだろう。

　さらに、２０１８年にＡＡＬ（アート・アクティブ・ラーニング）を考案した。**なぜなら、**ＡＩの発達する時代には、知識以上にアートによって感性（センス）を磨くことが大切だからである。これまでの勉強では、言語や計算力や論理的思考を司る左脳を鍛えてきた。**しかし、**これからは、イメージ・創造力やひらめきを司る右脳を鍛える必要がある。山口周氏は『世界のエリートはなぜ「美意識」を鍛えるのか？』（光文社新書）の中で、「直感」と「感性」の時代が来たことや、アートと哲学の重要性を説いている。

　ALの研究開始から8年が過ぎた今、わか

〈1200字例文〉

ったことが3つある。**それは、**ALは授業を楽しくする、ALは学力が向上する、ALは学校改革につながるということである。ALを実施すると生徒たちがニコニコし、先生もそれを見てニコニコしている。**また、**アクティブラーナー（能動的学習者）になると、毎日が明るく楽しく充実する。私は、児童・生徒・学生だけでなく、ALは、社会人にとっても大切だと考えている。**なぜなら、**人は学び続けることで「幸せ」を感じるからだ。

結論　R80 × 3

長文での接続詞はある程度省いていい

今回はわかりやすいように、2文を接続詞でつなぐというR80の基本形を使って長文を書くことに徹しました。

必要のないところでもルールに忠実に接続詞を使っていますし、できるだけ同じ接続詞を使わず、いろいろな種類の接続詞を登場させています。

そういうわけで、この例文の中には、省略することができる接続詞もあります。むしろ省いたほうがきれいにつながるところもあるくらいです。

一般的に論文では、接続詞を使うのは**4文で1つ**くらいの割合と言われています。

一方、R80の因数分解法を厳密に使った場合、接続詞が2文で1つになりますよね。ですから、R80の因数分解法で書くことに慣れてきたら、接続詞の半分くらいは間引くことができるかもしれない、と思っておいてもらえばいいでしょう。

ただし注意しておきたいのは、**逆接の接続詞**は省かないほうがいいということです。

「しかし」や「ところが」といった逆接の接続詞は、そこから文章が転換することを説明するうえで不可欠だからです。

真っ先に省く候補になるのは**順接の接続詞**で、なかったとしても文章がつながるケースです。

小論文とは結局、R80の延長である

今回、私自身が例文をR80の因数分解法で書いてみて、頭の中が整理されて**スッキリ**しました。

ChatGPTに代書させたのでは得られない快感が、自分の手で書く作業にはあります。この作業こそ、皆さんに体験してほしいものです。

R80の因数分解法に慣れれば、R80の延長の感覚で、長文を書けるようになります。大学入試の小論文どんと来い、ですね。

さらに大学でのレポートや試験、さらには社会人になってからもいろんな機会に活用することができるはずです。

私も、雑誌から依頼された原稿を書く時などに使っています。

「R80なら書けるよね」

「R80で考えればいいんだよね」

こう言えるようになれば、もう立派な**R80感覚**の持ち主です！

全国に広めているアクティブ・ラーニング（AL）のサインです！

【発展編】

家庭でも

ビジネスでも

使える！

家庭で子どもと一緒にR80

R80の出発点は、大学入試を前提とした**「学びのアイテム」**でした。ところが誕生から7年経った今、R80から得られる「学び」は、大学入試にとどまらず、もっと広範なものだとわかりました。

ここまで紹介してきた実例からも、それを実感してもらえたのではないでしょうか。活用の場も、学校を飛び出して、家庭や社会でさらに広がっていく余地があります。発展編では、そんな可能性をお話ししていきたいと思います。

まずは家庭での活用です。

ここで想定しているのは、実践編で皆さんにやってもらったような自習ではありません。

家族みんなでR80をやってみませんか？　という提案です。

ヒントとなるのは、学校での実践例です。

学校では、新年度になると学級レクリエーションを行うことが多いですよね。新しいクラスのメンバーが互いを知って認め合い、仲良くなるのを目的としています。

その機会にR80を活用してくれた先生がいました。

レクリエーション後に全員で振り返りのR80を書いたら、**クラスの仲間意識**が例年以上に醸成されたと報告してくれたのです。

たった80字書いただけで仲良くなるなんて本当かなぁ、と不思議に感じるでしょうか。これには根拠があるんです。

やや専門的な話になりますが、教育の技法に、集団学習体験をとおして親密な関係づくりをする「**構成的グループエンカウンター**」というものがあります。

構成的グループエンカウンターで重要な要素の1つが、**振り返り**です。

R80で仲間意識が高まったのは、振り返りの作業をすることができたからなのです。

この構成的グループエンカウンターの考え方を、家庭でも取り入れてみませんか。

平たく言うと、**家庭でのコミュニケーション**に活用してほしいのです。

日常的に食卓を囲んだり、休みの日にお出かけしたりと家族で行動をともにすることがあっても、振り返りの作業を一緒にするという家庭はあまりないでしょう。そもそも思春期の子だと、親とそんなに話さないんじゃないかという気も……。そこで、この本を親子で読んで、一緒にR80を書いてみるのはどうでしょう？

家庭で今日から使える例題

基礎編で触れたように、R80は**小学1年生**から始められます。家庭で今日から使えそうな例題と回答例を考えてみました。

【例題1】今日の夕食について

きょう、おとうさんがつくってくれたハンバーグがとてもおいしかったです。**なぜなら、**ケチャップでかかれたくまさんのおかおがかわいかったからです。

（子ども〔小1〕　70字）

今日の夕食は子どもの大好きなハンバーグにしました。**しかし、**いつもと同じでは芸がないので、ケチャップで顔を描いてみたところ、とても喜んでくれたので嬉しかったです。

（お父さん　80字）

こうやって文字にすると、お互いの思いを知ることができますよね。

もしお父さんが書いた言葉(「芸がない」とか)を子どもが知らなければ、一緒に辞書を引く糸口にもなりそうです。


家族仲がいい家庭ばかりではないですし、いつも親がいないという人もいるでしょう。

そういう人は、家族と書いているところを友だちに置き換えて読んでみてください。

R80仲間を作って、かけがえのない関係を築いていってもらえるとうれしいです。

【例題2】旅行したい場所

次の日曜日に、お父さんとお母さんといっしょにディズニーランドに行きたいです。**なぜなら、**ミッキーやミニーの特別なショーをやっているからです。

（子ども〔小5〕　69字）

最近は仕事が忙しくて、前のように子どもと遊んでやれませんでした。**そこで、**次の日曜日には、久しぶりに家族で東京ディズニーランドに行って、楽しみたいと思います。

（お母さん　78字）

子どもの立場からすると、親の書く文章を見る機会って普段はあまりないと思います。

でも、こうやってちょっとかっこつけて書いてくれたら「**お母さんもやるね**」なんて話が弾むかもしれません。

そのために、身近にいる家族が**R80仲間**になるのはとても有効なことです。

R80を習慣化するためには、日常に取り入れるのが大事です。

R80日記＝「毎日の振り返りをその日のうちにR80で書く」というのを親子でやってもいいですね。読んだ本や観(み)た映画の感想なんかを書くのもいいでしょう。

学校で作文の課題が出ると、お父さんお母さんが子どもの書いた文章を見て指導する、という話をよく聞きます。

ただ個人的には、勉強を教えるのは、基本的に学校に任せてもらえたらいいなと思っています。家庭でしかできないことが他にたくさんありますから。

R80仲間の親子には、そういう指導の関係とは違った「**学び合い**」があるはずです。

ビジネスメールや稟議書で使ってみよう

親子でR80を書くことは、親御さんの仕事につながるヒントがあるかもしれません。**企業での事例**でいうと、社会人（会社員）になっている私の教え子の男性が、社内業務にR80を導入してくれたことがあります。

社内メールの導入部をR80にするよう、周知したのだそうです。具体的には、結論（1文目）＋接続詞＋主要因（2文目）で80字前後になるようにしました。

彼はもともと社内メールに課題意識を抱いていました。

彼のアドレスには1日あたり300～400通の着信がありますが、内容を正確に把握しにくかったり、ムダに長文だったりする社内メールが多かったとのこと。そのため、全文を読み込まなければならず、メールチェックにいたずらに時間がかかっていたというのです。

こうした課題を解決すべく、彼はR80に着目しました。

彼が書いたメール例はこのようなものです。

「○○○都市公園PFI導入可能性調査」初回協議　6月6日（木）14：00～に決定しました。**つきましては、**6月5日までに提案資料・実績表の御準備、当日の日程調整をお願いいたします。

詳細については下記をご確認ください。

日時：6月6日（木）14:00～（1時間程度）

場所：○○市△△課

相手方予定：A課長、B調整官、C係長、D氏、E氏

内容：A市事例の紹介、標準的作業項目

必要資料：提案資料・実績表（6月5日〆切　□□が出力し持参いたします）

待合せ時間・場所：13:20　○○駅東口ロータリー

メールの冒頭にR80を取り入れることで、「短文で・結論を先に・わかりやすく」まとめています。

伝えたいことが一目瞭然ですよね！

導入した本人に聞いたところ、次のようなメリットを実感できたそうです。

・メール作成時間の短縮（メール文の「型」を持つことで、伝達事項を整理しやすくなる）

・内容把握の簡易化（最初のR80だけ読めば、概要を正確に把握できる。受信者に関連性が低いメールの場合も読む負担が軽くてすむ）

・モバイル環境への対応（スマホでメール閲覧した時もR80なら**1画面**に収まり、一目で内容把握できる）

彼は中高生に向けて、こんなメッセージを寄せてくれました。

「企業は〝生産性の高度化〟を至上命題として日々模索しております。それに直結するR80＝主張を論理的に表現する文章作成技能は、社会人となった際に必ず役立つと思われます」

R80の可能性を感じさせてくれるうれしい言葉です。

彼に限らず、かつての教え子たちから、論理的な文章を書けない若手社員がいて困っている、といった話を聞くことがしばしばあります。

企業でもビジネスメールや稟議書など、文章を書く機会は多くありますからね。

そんな場合、社内でR80を導入するだけで、「**短文で・結論を先に・わかりやすく**」書く訓練ができるのです。

「書く力」だけでなく「考える力」も身につく

ビジネスメールやビジネス文書というと、それこそ**生成AI**を活用したらいいという声が聞こえてきそうです。

実際、そうしたやり方を推奨（すいしょう）する記事をしばしば見かけます。

繰り返しになりますが、私は**ChatGPT**を使って試行錯誤してきました。

その結果、ChatGPTは調べごとをしたい時の検索がわりに活用するのが一番だと思っています。

文章が読みやすいのでスッと頭に入ってきます。

要点を箇条書きにしてくれるところなどは、先ほどの教え子の男性が例示してくれたメールのようでわかりやすいです。

何よりも私がハッとさせられたのは、ChatGPTの**1文が40字前後**ということです。

誰にでも読みやすい文章というのは、やっぱりそれくらいの字数なのでしょう。

また、**文頭に「～は」**と主語が明示されることが多い。

これも読みやすさの理由ですね。

そういう観点からすると、ビジネスメールやビジネス文書の参考例を調べて、短めの字数を意識して書くといった文章スタイルを生成ＡＩから学ぶのがいいと思います。

一方で、生成ＡＩで文章作成（この場合ならビジネスメールやビジネス文書）をまるごとコピペするばかりになると、学びの欠落が起こるのではないかと危惧しています。
言い換えるなら、「**考える力**」が減退するのではないかという懸念です。

大学では同様の懸念から、レポートを自分で書いたか生成ＡＩに書かせたかを見極めるため、口頭試験を課すと打ち出したところもあります。

自分で考えて「書く」ことをしなければ、口頭試験で「話す」ことはできませんからね。

学生のうちはそういうフォローを大人がしてくれますが、社会人になると自分で律していかないといけません（面倒見のいい先輩・上司に恵まれれば別ですが）。

ビジネスパーソンにとっても、人に何かを伝える機会は、ビジネスメールやビジネス文書を「書く」時だけではないですよね。

むしろプレゼンテーションなど「話す」場面のほうが多くありませんか？

結局そうした場面で、考える力が要求されます。

R80は「**思考力・判断力・表現力を身につけ、論理力を育成する**」アイテムですが、これらの能力は「書く」ことにとどまらず、「話す」ことにもつながってきます。

だとしたら、目先の労力削減のためにビジネスメールをコピペするより、R80のメールをパッと書けるようになることを目指すほうがいいんじゃないかな、と私は思うのです。

いずれ社会に出る子どもたちにも伝えたいことです。

R80は書けば書くほどうまくなります！

【ビックリ編】

話す力や

プレゼン力も

つく！

「校長先生、生徒がR80で話していましたよ！」

R80を「学びのアイテム」として使ってくれた人たちの成果を見て、

「これは私が考えていたよりもうんと強力なアイテムだぞ」

と目を見張ることが何度もありました。

そのなかでも私にとって**最大のビックリ**は、世に出してから2年後に起きました。

2018年春、並木中等教育学校に「アクティブ・ラーニングの様子を取材させてほしい」という教育系企業からの依頼があり、校長だった私は快諾（かいだく）しました。

当日はその企業の社長さんをはじめ、撮影クルーがやってきました。

そして授業風景を動画に収めるほか、校長や教師、4人の生徒のコメントを撮っていきました。

生徒たちの**インタビュー**を撮り終えると、現場で陣頭指揮をとっていた社長さんが、私のいる校長室へ挨拶に来ました（13ページに登場している社長さんです！）。

そこで、まったく予期していなかった言葉をかけられたのです。

「校長先生、生徒がR80で話していましたよ！」

私は「えっ？」と口走ったと記憶しています。

頭には「？」が浮かぶばかりでしたから。

困惑する私を見て、社長さんはこう続けました。

「最初に結論を言って『なぜなら～だからです』と締めくくるんです。あれはR80ですね。簡潔に、しかも論理的に話すので驚きました」

驚いたのは私のほうです。

その日以来、生徒たちの発言やプレゼンテーションを意識的に聞くようになりました。

すると、たしかにみんなR80で話している！　と**目からウロコ**が落ちました。

私はそれまで、R80を「書くアイテム」だと考えてきました。

生徒たち自身も、R80で話そうと意識してやっていたわけではないと思います。

それでもR80を2年間書いてきた蓄積で、自然と口から出るようになったのでしょう。

つまり、R80を書くことで「考える力」をつけた結果、「書く力」だけでなく「**話す力**」まで体得していたというわけです。

予想外の成果でした。

R80で「質問力」もつく

さらに驚きは続きました。

学校で行われた講演会の**質疑応答**でのことです。

生徒たちが活発に挙手したのですが、出てくるのが**R80感覚**を生かした、短くて要点を絞ったいい質問ばかりだったのです。

質疑応答で面白い話を引き出せるかどうかは、質問者次第です。

しかし、いい質問ができる人は多くありません。

質問者が持論を長々と述べてしまったり、複数の質問をまぜこぜにしていたりして、結局何を聞きたいのか伝わらないということがよくあるのです。

私の講演でもそう感じますし、ニュースなどで記者会見を見ると、プロの記者でもそういう人が結構いるようです。

それでは答える側も、どう答えていいか困ってしまいますよね。


いい質問をするには、自分の考えを持ち、**整理して伝える論理力**が必要です。

質疑応答という場面でも、R80で磨かれた生徒たちの「**話す力**」が発揮されていることに感激しました。


面白いもので、予期せぬ変化が起きていたのは生徒だけではありませんでした。

考案者の私自身も、R80で話していることを自覚するようになったのです。

生徒も私も、いつのまにか「**無意識のR80**」の使い手になっていたのですね。

R80で「プレゼン力」もつく

ある時、私の講演会で、質疑応答の時にこう聞かれました。

「中島先生の講演がわかりやすい理由は何ですか？」

私は「R80で話しているからだと思います。このあと注意して聞いてみてください」と答えました。

講演など人前で話す時、私が特によく使うR80の型があります。

「**結論（1文目）なぜなら理由（2文目）**」です。

最初に結論を言って、「なぜなら〜だからです」と根拠を述べていくのは、話し言葉としても非常に使いやすいのです。

聞き手からしても論理的で説得力があるので、話した内容に納得してもらえます。話す力においても、**「なぜならは最強の接続詞」**なんです。

もう1つ、私の講演がわかりやすい理由を挙げるなら、スライド資料もR80感覚で簡潔にまとめていることです。

生徒はどうかな？　と彼らのプレゼンテーションを見てみると、やはり同様でした。R80で**「プレゼン力」**まで高まるのだなぁと、また驚いたものです。

このように、R80を続けていくと「書く力」だけでなく「話す力」もついてきて、様々な場面で**「無意識のR80」**を使えるようになります。

継続は力なり、です。皆さんもR80を頑張った先にある自分の成長を、楽しみにしていてください。

1分間の自己紹介文をR80で書いてみよう

一方、今すぐ活用できる「**R80で話す技術**」もあります。

まず、誰にでもオススメしたいのが、**自己紹介のスピーチ**をR80で作ることです。


自己紹介する機会はいくつになってもあるものです。

自分の名前を相手に覚えてもらうことはもちろん、スピーチから信頼や親しみを感じてもらって、さらなる会話のきっかけになったらいいですよね。


でも、いざ自己紹介しようとするとうまく話せなくて……と悩む人は少なくないのではないでしょうか。

私は自己紹介やスピーチが得意だと自負していますが、苦手意識を持っている人を見ていて、これをやったほうがいいんじゃないかなと感じることがあります。

それは「**準備**」です。

完全にアドリブで話すのは、よほどの達人じゃないと難しいものです。

話すのが自分自身のことであっても、とっさには頭の整理がつかないですから。

皆さんが生きていくうえで、この先も自己紹介する機会は必ずあるでしょう。

だったらその時に備えて、**1分間の自己紹介**の原稿をR80で作ってみませんか？

定番の自己紹介文を持っておくと、いざという時に心強いですよ。

1分間スピーチならR80×3回

まずは私が例を示します。

主に初対面や、仕事関係の挨拶で使うことを想定した自己紹介文です。

中島博司の自己紹介　1分間スピーチ（真面目編）

こんにちは、株式会社FCEエデュケーションの中島博司です。**実は、**私は37年間、茨城県立高校で教員をし、校長職を定年退職したあと今の会社に入社しました。校長経験者が60歳でビジネスパーソンに転身することは珍しいと思います。**しかし、**急成長している教育関連会社なら、日本の教育の未来に貢献できると考えました。これまで、アクティブ・ラーニングについて、１７０回以上講演をし

てきました。**さらに、**雑誌やテレビでも情報
発信しており、64歳になりましたが、もう少
しチャレンジしようと考えています。

200 220 240

（237字）

どうでしょう。

名前はもちろん、年齢や経歴、志まで、短いスピーチで網羅しました。

ポイントは、R80×3回、**240字**にまとめること。

なぜなら、1分間のスピーチを字数に換算すると、およそ２４０字になるからです。

私はある研修でこのことを教わって以来、何分間スピーチをするかから逆算して原稿を作るようになりました。

ちなみに、ニュースを読むアナウンサーは1分で**約300字**だそう。

プロならそれだけ詰め込んでも淀（よど）みなく話せますが、普通の人がややゆっくり聞き取りやすいように話すと２４０字くらいになるのです。

もう1つ、懇親会や同窓会などで使うような自己紹介文の例を書いてみます。
こちらも先ほどの例文と同じく、R80×3回で書きました。

中島博司の自己紹介　1分間スピーチ（リラックス編）

皆さんお久しぶりです、校長定年退職後にビジネスパーソンになった中島博司です。**さらに、**昔の趣味を次々に復活させて「華の60代」を楽しんでいる中島です。4年前には31年ぶりにガンプラを復活させて今まで35体制作しました。**また、**1年前からは27年ぶりに登山を再開し日本百名山を中心に50回以上登るとともに、今年26年ぶりにテレビゲームを再開しました。旅行、美術展覧会見学、映画鑑賞なども継続しています。**そして、**ついに私の考案したR80が本になったので、もう少しチャレンジしようと考えています。

（236字）

同世代との集いを想定しました。

若い人には「ガンプラ」が何のことかわからないかもしれないですね。

ChatGPTに「**ガンプラって何?**」と聞くとわかりやすく教えてくれますよ。

大事なのは、自分の近況や現在の関心事を相手にわかりやすく伝えることです。

自分のすべてに興味を持ってもらうのは難しいとしても、この話はもっと聞きたいなと思ってもらえるような「**フック**」（とっかかり）をいくつか仕込んでおけると理想的です。

私の2つの例文では、応用編の例文と同じく、すべてのR80に接続詞を使ってみました。しかし実際に話す時には、接続詞が多いとうるさく感じるかもしれません。慣れてきたら、接続詞を間引くことを考えるといいでしょう。

さあ、次は皆さんの番です。

R80×3回、**240字の自己紹介文**を書いてみましょう。

20

40

60

80

（字）

書き上げたら、さっそく声に出して読んでみましょう。

1分間いきいきと話せるかにチャレンジです！

「今日の私の話は約6分間です」

自己紹介ができれば、もっと長いスピーチでも、R80で対応できます。

振り返れば私自身、校長だった頃は入学式に始まり、始業式や終業式、卒業式といった節目や行事ごとに「**校長講話**」をしていました。

校長講話というと、大方の人が抱くイメージは「長くてつまらない」だと思います。

そういう校長講話しか聞いたことがないという人も、残念ながらいるでしょう。

なぜ校長講話が長くてつまらないかというと、やっぱり準備不足が原因だと思います。

校長の中には「自分は話し慣れているから原稿なんかいらない」と決めこんで、箇条書きのメモ程度しか準備せずに話す人がいるんです。

そういう人の多くが、余計なことをしゃべったり、同じことを繰り返したりして、話が冗長(じょうちょう)になってしまいます。

ですから私は、**必ず原稿**を作っていました。

1分間のスピーチの目安がR80×3回で240字だと知っていれば、原稿の字数から所要時間を割り出せます（あるいは所要時間から逆算して字数を決めることができます）。

そして当日は、話し始める時に「**今日の私の話は約6分間です**」と所要時間を示します。

原稿をただ読み上げるだけでは味気ないので、原稿をチラチラ見ながら自分らしい表現を交えて話しますが、6分の想定ならだいたい6分で収まります。

面白がってストップウォッチで測りだす生徒もいましたが、

「校長先生は毎回宣言どおりに話す！」

とビックリしてくれました。

話す側がしっかり準備していれば、聞く側もちゃんと聞いてくれるものです。

定年退職を控えた最後の終業式での講話も、「学びのデザイン」というタイトルの原稿を１５２２字で書き、「本日の講話は約7分間です」と宣言して話しました。

皆さんも人前で話す時には、原稿を作り、**所要時間**を意識するとうまくいきますよ。

さて、私の**校長講話**がどんなものだったか、気になりますか。

２０１7年1月6日、並木中等教育学校での冬季休業明けの校長講話を再現してみますね。並木中等は中高一貫校ですので、1年次から6年次まであります。

きれいにR80×〇回とはなっていませんが、**R80感覚**で書いた校長講話です。

それでは、どうぞ！

校長講話　6分間用原稿（1分240字×6）

　みなさん、明けましておめでとうございます。今年もよろしくお願いいたします。

　本日の講話は、約6分間、タイトルは「為せば成る」です。**ところで、**皆さん冬休みはいかがでしたか、6年次生は「勉強漬け」の毎日でしたね。センター試験まであと8日ですので、そろそろ調整に入ってください。くれぐれも、風邪をひいたり、怪我をしないよう、慎重に行動しましょう。1年次生～5年次生は、お正月を満喫したことでしょう。**さらに、**明日からまた3連休ですが、時間を大切に、来週のテストのための勉強を頑張ってください。

さて、私は目標を達成すること、夢を実現することは、山登りに似ていると思います。**実は、**私は21歳〜35歳まで15年間、山登りをしていました。並木高校の教員だった27歳の時、登山部を創設し9年間生徒と一緒に北アルプスや南アルプスに登っていました。**その**

間、競技大会にも出場し、男子が1回、女子が1回、県大会で優勝してインターハイに出場しました。日本の山で、登山家が最もあこがれる山は、おそらく北アルプスの槍ヶ岳で す。その形から「日本のマッターホルン」といわれており、標高は3180メートル、日本で5番目に高い山です。その槍ヶ岳に登る主なルートは7つあります。私は、そのうち4つのルートから合計6回槍ヶ岳に登りました。「表銀座ルート」は、その名が示すとおり最も一般的なルートです。**一方、**「裏銀座ルート」は、比較的なだらかですが、非常にアプローチの長いルートです。「槍沢ルート」は、アプローチは比較的短いですが、急勾(こう)配(ばい)です。**そして、**北穂高岳(きたほだかだけ)から槍に向かう「大キレットルート」は、岩場の多い上級者向けルートですが、達成感は抜群でした。

　皆さんは、今、目標に向かって山を登っている若者たちだと思います。全国には、同じ山を目指して頑張っている若者たちが沢山います。頂上は同じでも、そこに至るルートはいろいろあると思います。**しかし**、大切なのは、今歩んでいるルートを信じて、登り続けることです。時間がかかっても、坂を登り続けていると、青い天に頂上が見えてきます。**だから**、今やっていることを信じて、あきらめずに、前を向いて取り組むことです。

最後に、皆さんに歴史上の人物の言葉を贈ります。その人物は、江戸時代中期の米沢(よねざわ)藩主上杉鷹山(うえすぎようざん)、高校日本史Bの教科書に上杉治(はる)

憲（のり）という名で出ています。米沢藩とは、現在の山形県東南部にあった藩です。鷹山はこう言いました「為せば成る為さねば成らぬ何事も成らぬは人の為さぬなりけり」、大切なのは後半部分です。直訳すると「やればできるやらなければ何もできない、できないのはやろうとしないからだ」となります。**これは、**何事も強い意志をもってやれば、必ず成就するということで、やる気の大切さを説いた言葉です。破綻寸前の米沢藩の財政を奇跡的に立て直した、上杉鷹山らしい言葉です。

1961年、第35代アメリカ大統領、ジョン・F・ケネディに日本人記者が、「あなたが最も尊敬する日本の政治家は誰ですか」と質問しました。**すると、**大統領は「ヨウザン・ウエスギ」と答えましたが、日本人記者は誰も上杉鷹山を知らなかったそうです。皆さんには、鷹山の「為せば成る為さねば成らぬ何事も成らぬは人の為さぬなりけり」という言葉を胸に、夢の実現に向かって、それぞれが目標としている「高き山」を登って欲しいと思います。本日の私の話は、以上です。6年次生、健闘を祈っています！　頑張ってください！

世の中で大切なコミュニケーション力が高まる

R80でつく話す力にしても、R80で話す技術にしても、相手があってのものです。相手に自分の意図を伝えるための話し方であり、質問の場合は、相手が返しやすい球を投げるキャッチボールのようなものですよね。

これらをまとめて、R80で「**コミュニケーション力**」を高める、と言い換えることもできるでしょう。

ところで、「社会人として大切なこと」は何かというアンケート調査をしばしば見かけます。定番の調査なのでしょうね。

1位になるのはだいたい「コミュニケーション力」だという印象があります。

正直に言うと、私は教員を定年退職するまで、この結果にピンと来ていませんでした。

ところが定年退職後に**会社員**に転身して、コミュニケーション力が一番大切だとようやく腑(ふ)に落ちました。

「無意識のR80」が人生を豊かにする

PDCAサイクルという言葉を聞いたことがありますか？

Plan（計画）、Do（実行）、Check（評価）、Action（改善）のプロセスを循環することで、業務改善を行う手法です。

社会人なら大半の人が知っている言葉だと思います。

学校で働く教員にも言葉自体は浸透していますが、1年単位で回すものというのんびりした意識がある気がします。

一方、民間企業では、このサイクルを**高速で回す**のは当たり前。

場合によっては1日のうちに、朝決めたことがダメなら昼に会議をして夕方には方向転換、なんていうことさえあります。

スピード感が学校と会社とではまったく違うのです。

そして高速でPDCAサイクルを回すためには、関係者とのコミュニケーションが不可欠なんですね。

会社員に転身してからのこの４年でつくづく実感しました。

逆にこの時代、社会人としてそれほど必要じゃないのは「知識・技能」だと感じます。

たとえば会社で新しいアプリやソフトを採用することになった時、若い社員は予備知識がなくても、ネットで調べてあっという間に使いこなすんですよね。

そういう知識・技能は簡単に**キャッチ**できる時代になったのです。

従来の学校教育は、知識・技能を一生懸命教えるものでした。

でもこれからは、コミュニケーション力を早い段階でつける教育のほうが大事なんじゃないかな、と思います。

大人になってからではなかなか伸ばせない力ですから。

中高生のうちにR80で「話す力」をつけ、「コミュニケーション力」を高めた人なら、大学生になっても社会人になってもその力を発揮していけるでしょう。

つまり、R80で身につく力は「**一生もの**」なんです。

おわりに

先日、うれしい出来事がありました。

並木中等教育学校の同窓会があり、現在は大学生になっている卒業生が私のところへやってきて、こう言ったのです。

「校長先生、ありがとうございます！　高校時代に校長先生がR80などのアクティブ・ラーニングを広げてくれたおかげで、今すごく助かっています」

聞けば、彼女の通う難関国立大学では、日々の講義で「**書く・話す・発表する**」（まさにアクティブ・ラーニングですね）が活発に行われているとのこと。

ところが周りの同級生は、高校までそういう学習をしてこなかった子ばかりなので、右往左往しているそう。

そこで、彼女がみんなに教えてあげているというのです。

彼女に限らず、並木中等の卒業生たちが大学で**リーダーシップ**を発揮しているという話は、よく聞きます。

高校卒業までに「書く・話す・発表する」力を養ったことが生かされているのですね。これらの力をつける学びのアイテム、R80を考案できてよかったと心から思いました。

そして、R80を体得した子たちが、今後は社会へと羽ばたいていきます。

社会人としてどのような活躍を見せてくれるか、楽しみでなりません。

R80は、**ルールはシンプル**。でも、身につく力は**一生もの**です。

人は書くことによって考え、考えることによって成長します。

そして、成長するということは、**人生の幸せ**につながります。

R80で教育困難校の学校改革が起きたのは、生徒たちがムリだと思っていた文章を書けるようになり、達成感を得たからです。

このように、R80は、誰もがたった2分間で達成感を得られるアイテムでもあります。

日本の子どもは諸外国と比べて自己肯定感が低い、というデータがあります。

R80を使うことが「**自分にもできた**」と自信をつけるきっかけになればと願います。続ければ必ず、この本で紹介してきたようないろんな力が**グングン**ついてきますから。

さらに、**人生100年時代**、いくつになっても成長する幸せを得たいものです。

R80が皆さんの生活に溶け込み、この先もずっと学び続けていくための伴走者になれば、考案者として最高の喜びです。

さて、私が最初に言ったことを覚えていますか。

読み終えたら感想文を書いてくださいね、と言われて、イヤだなと思った人も、
ここまで読み進めたら、もうR80で**パッと**書けるでしょう！

中島博司（なかじま ひろし）

株式会社FCEエデュケーション 参与
元 茨城県立並木中等教育学校 校長
元 全国高等学校長協会 教育課程研究委員長・常務理事

1959 年生まれ。茨城県立土浦第一高等学校、筑波大学人文学類卒業。専門は日本考古学・日本史。茨城県の高校で日本史を教えていた時、オリジナル「スーパー日本史ノート」を開発。それを書籍化した『はじめる日本史 要点＆演習』（Z会出版）はロングセラーになっている。校長就任の 2015 年から「アクティブ・ラーニング」について研究を始め、「R80」「TO学習」「AAL」を考案。全国各地で 170 回以上研修会講師をつとめている。定年退職後の 2020 年にビジネスパーソンに転身し、教員研修総合サイト「Find! アクティブラーナー」や振り返り力向上手帳「フォーサイト」に携わるとともに、日本の教育の未来に貢献するために活動している。趣味は、登山、美術展覧会見学、ガンプラ！

アールエイティー
R80 自分の考えをパッと80字で論理的に書けるようになるメソッド

2023年11月10日　第1刷発行

著　者　中島博司

発行者　大山邦興
発行所　株式会社 飛鳥新社
〒 101-0003
東京都千代田区一ツ橋 2-4-3　光文恒産ビル
電話（営業）03-3263-7770（編集）03-3263-7773
https://www.asukashinsha.co.jp

装　幀　井上新八
ブックライティング　津見かさね
校　正　麦秋アートセンター

印刷・製本　中央精版印刷株式会社

落丁・乱丁の場合は送料当方負担でお取り替えいたします。小社営業部宛にお送りください。
本書の無断複写、複製（コピー）は著作権法上での例外を除き禁じられています。

© Hiroshi Nakajima 2023, Printed in Japan
ISBN978-4-86410-976-5

編集担当　杉山茂勲